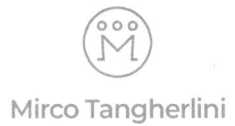

Mirco Tangherlini

l'arte di generare stili personalizzati con l'ia

ALCHIMIA DEI CODICI SREF

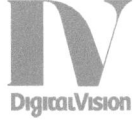

DigitalVision

Titolo
ALCHIMIA DEI CODICI SREF - l'arte di generare stili personalizzati con l'ia

© Digital Vision Independent Editions

Prima edizione
Luglio 2024

Illustrazioni di **Mirco Tangherlini**

tangherlini.it
ai-telier.it

Se stai leggendo questo breve saggio sulla funzione "sref" di MidJourney (MJ), significa che sei già immerso nell'affascinante universo di una straordinaria piattaforma di Intelligenza Artificiale generativa.

Questo nuovo strumento rappresenta una vera e propria rivoluzione nel modo in cui creiamo e interagiamo con le immagini digitali.

Personalmente, considero MidJourney il migliore in assoluto nel suo campo, grazie alla capacità di offrire un livello di creatività e innovazione senza precedenti.

MJ è molto più di un software di generazione di immagini, è una porta d'accesso a un mondo di possibilità creative infinite, dove tecnologia e arte si fondono in modo armonioso.

Gli artisti ora possono esplorare nuove dimensioni della loro creatività, sperimentando con stili e tecniche che prima potevano solo immaginare.

La piattaforma permette di trasformare le idee in realtà visive con una facilità e una precisione che sembrano quasi magiche.

L'Intelligenza Artificiale alla base di MidJourney è stata sviluppata con l'intento di supportare e amplificare le capacità creative degli artisti, non di sostituirle.

Ogni immagine generata con MJ è il frutto di una collaborazione tra l'intuizione umana e la potenza computazionale che lavora instancabilmente per realizzare la visione artistica dell'utente.

Questa sinergia tra uomo e macchina apre nuovi orizzonti nella produzione artistica, consentendo di creare opere che riflettono una profondità e una complessità uniche.

Ma MidJourney è anche una piattaforma inclusiva, che accoglie creativi ad ogni livello di esperienza.

Che tu sia un artista affermato alla ricerca di nuovi strumenti per arricchire il tuo repertorio, o un principiante desideroso di esplorare il mondo dell'arte digitale, MJ ti offre un ambiente ricco di risorse e ispirazioni.

La funzione "sref" in particolare, con la sua capacità di applicare stili unici e coerenti alle immagini, rappresenta uno degli aspetti più potenti e versatili di questa piattaforma.

Attraverso MidJourney, la tecnologia diventa un'estensione del pensiero artistico, permettendo di superare i limiti tradizionali della creazione visiva.

Ogni immagine generata rappresenta un passo avanti verso l'innovazione, una testimonianza del potenziale infinito che si può raggiungere quando si uniscono arte e scienza.

MJ è un catalizzatore per la tua immaginazione, capace di portarti in luoghi che non avresti mai pensato di esplorare.

Utilizzando MidJourney sei parte di una comunità pionieristica che sta ridefinendo il concetto di arte nel XXI secolo.

Questa piattaforma ti offre infatti gli strumenti per esplorare, sperimentare e innovare, trasformando ogni tua idea in una creazione visiva straordinaria ed è una porta aperta su un universo di possibilità creative senza confini.

Sicuramente hai già compiuto il primo passo importante: ti sei iscritto a Midjourney e hai iniziato a esplorare le sue potenzialità.

E ciò significa che hai già una conoscenza di base delle funzionalità offerte da questa piattaforma e sai come utilizzare i prompt per generare immagini, hai già sperimentato i vari stili disponibili e hai iniziato a comprendere le immense possibilità che Midjourney offre ai creativi di tutto il mondo.

Ma oltre a conoscere le funzionalità di base, probabilmente hai già sentito parlare della **funzione "sref"** e ti sei incuriosito riguardo a come possa ulteriormente migliorare il tuo processo creativo.

"Sref", o style reference, è uno degli strumenti più potenti e versatili offerti da Midjourney utile ad applicare stili unici e coerenti alle tue creazioni.

Questo breve saggio ti guiderà attraverso le meraviglie di questa funzione e ti mostrerà come puoi trasformare le tue idee in realtà visive mozzafiato. Personalmente, utilizzo MJ sia a livello commerciale, essendo un illustratore editoriale, che a livello "artistico", avendo già all'attivo diverse esposizioni di opere generate con l'IA e un e-commerce che vende opere create con IA (**ai-telier.it**).

Ciò che mi affascina di più è l'uso "artistico" dell'intelligenza artificiale, **la possibilità di creare vere e proprie opere d'arte.**

So benissimo che esiste una diatriba in corso tra i detrattori che non ritengono questo strumento un vero generatore d'arte e coloro che, invece, lottano per affermare che questa nuova tecnologia rappresenti un'ulteriore possibilità data agli artisti.

Questo dibattito, acceso e carico di passione, riflette la complessità e la profondità delle percezioni contemporanee sull'arte e la creatività. Tuttavia preferirei non soffermarmi su queste polemiche.

Ma lasciamo da parte le controversie e concentriamoci sulle possibilità straordinarie che questa tecnologia ci offre.

L'arte, in fondo, è sempre stata un campo di sperimentazione e innovazione, e Midjourney rappresenta solo l'ultima evoluzione di questo affascinante viaggio.

Immagina di poter combinare influenze artistiche diverse, di poter mescolare elementi di vari stili fino a creare qualcosa di ve-

ramente unico e personale.

Questo è ciò che la funzione "sref" ti consente di fare.

Attraverso l'uso di codici specifici, puoi guidare l'Intelligenza Artificiale a produrre immagini che riflettono esattamente l'estetica che hai in mente, senza dover scrivere prompt* complessi e dettagliati.

Proseguiamo insieme in questa esplorazione, lasciando che siano la curiosità e la creatività a guidarci.

Midjourney ha molto da offrire, e sono sicure che, con la giusta comprensione e applicazione, troverai nuovi modi per esprimere la tua arte e sorprendere il mondo con le tue creazioni.

Come si usa un Codice sref di MidJourney?

Per utilizzare un codice "sref" di Midjourney, basta includerlo nel tuo prompt quando generi un'immagine.

Ad esempio, puoi digitare "--sref 1996010" (dove il numero è ipotetico e può essere sostituito con qualsiasi altro valore per applicare un effetto specifico (è importante che **non ci sia uno spazio** fra "--" e "sref" e che **ci sia uno spazio** fra "sref" e "1996010").

Questo processo assicura che l'immagine risultante aderisca allo stile definito dal codice sref, rendendo più facile ottenere risultati coerenti.

Di seguito troverai ben 132 suggerimenti che potrai subito applicare alle tue creazioni.

La struttura di un prompt semplice quindi diventa:

[Soggetto] --sref [Codice]--ar [proporzione]:

Negli esempi allegati ho usato:

Female portrait, --sref 12345 --ar 2:3

Dove quindi il **soggetto** è un "ritratto di donna" (il consiglio di scrivere la tua richiesta sempre in inglese, infatti, nonostante MJ sia in grado di comprendere ben 100 lingue, deve sempre tradurre il tuo prompt dalla lingua madre).

Il **codice dopo --sref** è qualsiasi numero tu voglia e il valore diviso dai ":" dopo --ar indica la **proporzione base/altezza**.

Citations:
[1] https://sprinkleofai.com/how-to-use-the-new
[2] https://docs.midjourney.com/docs/how-to-use-the-new-midjourney-style-reference/
[3] https://docs.midjourney.com/docs/style-reference
[4] https://weirdwonderfulai.art/resources/a-guide-to-sref-style-reference-in-mi-djourney
[5] https://www.youtube.com/watch?v=K_rI5eh_WM8
[6] https://www.reddit.com/r/midjourney/comments/1bfh58/is_sref_better_than_the_tuner_function/

*prompt è un termine latino e significa "richiesta"

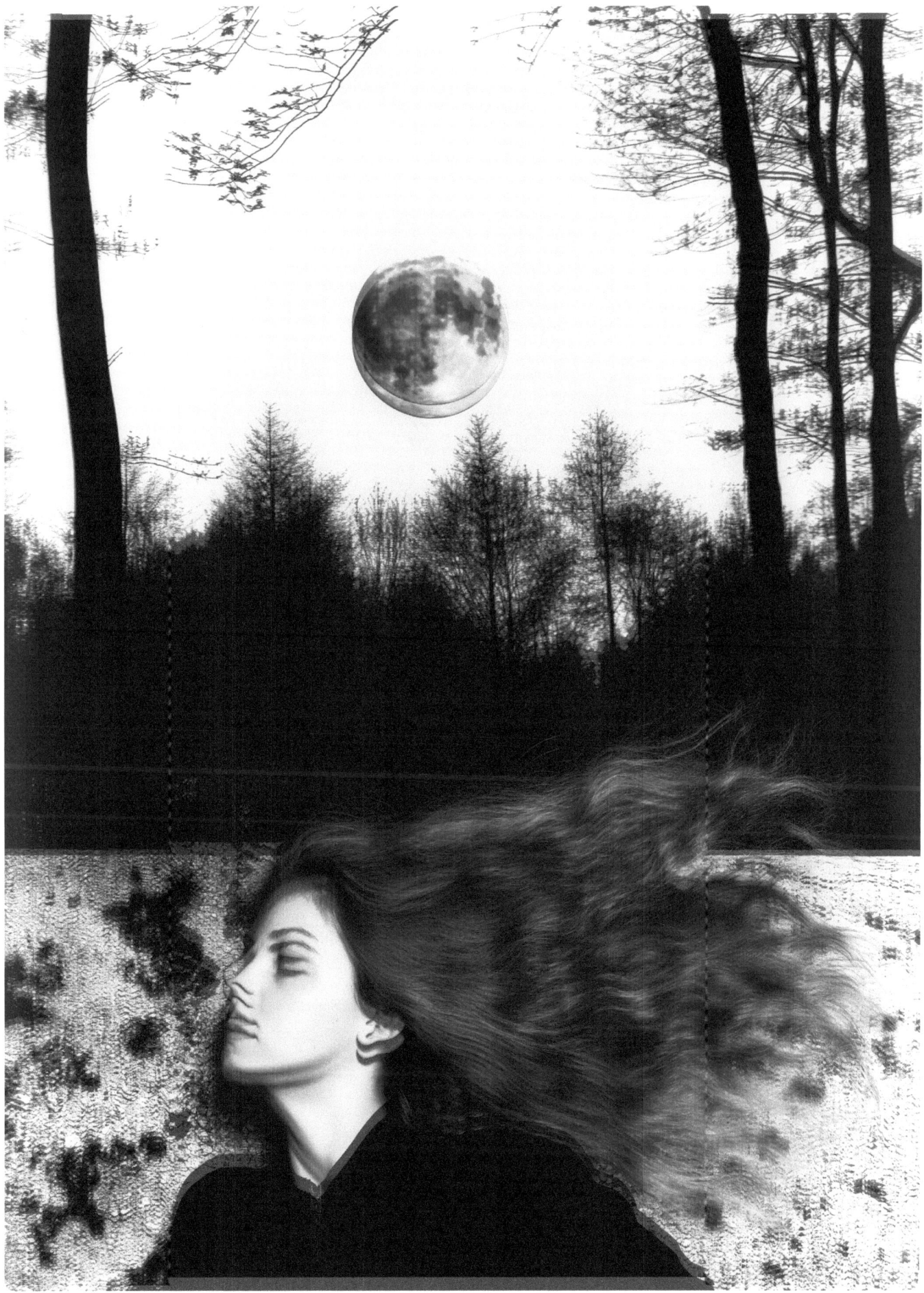

In questa sezione troverai ben 132 suggerimenti di "codice srf" con la relativa immagine generata da quel valore. Ti sarà sufficiente replicarla su MJ cambiando il soggetto per ottenere un risultato grafico simile.

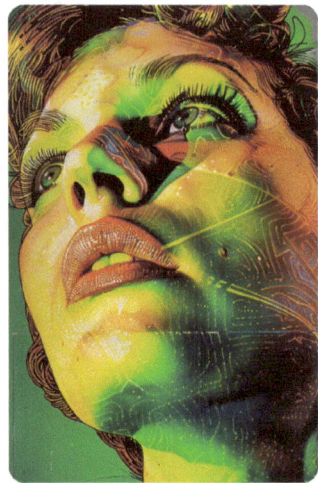

Female portrait --sref **619298202**

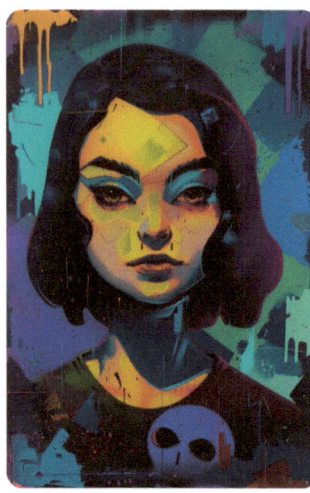

Female portrait --sref **8222885**

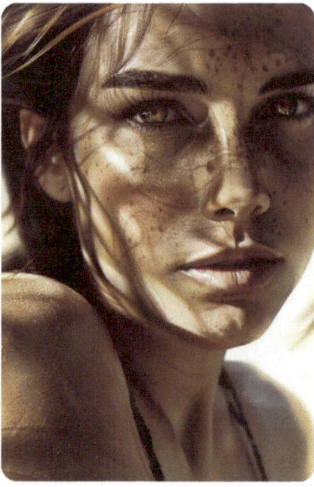

Female portrait --sref **2566504263**

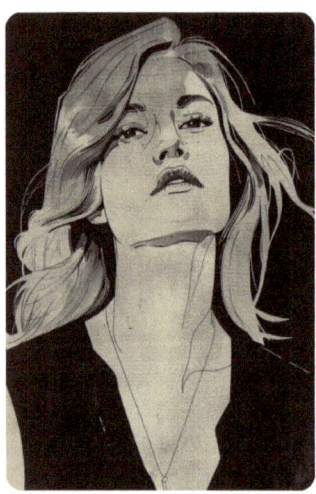

Female portrait --sref **625290222**

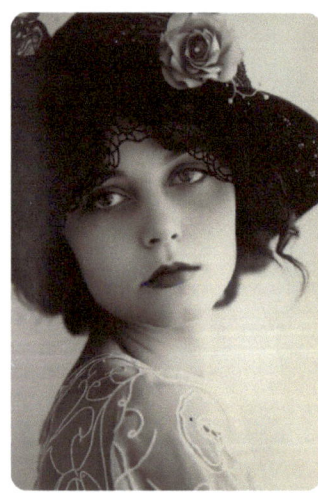

Female portrait --sref **1647818666**

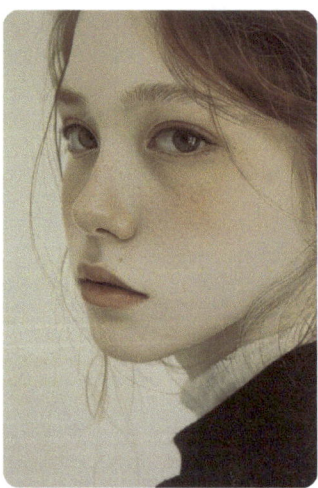

Female portrait --sref **3196338755**

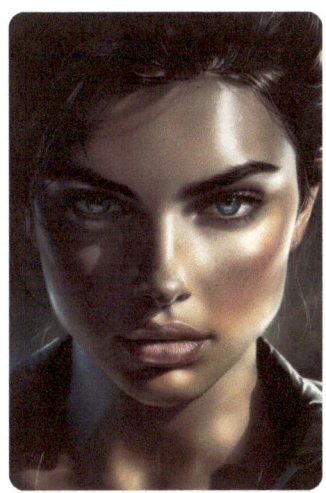

Female portrait --sref **522741134**

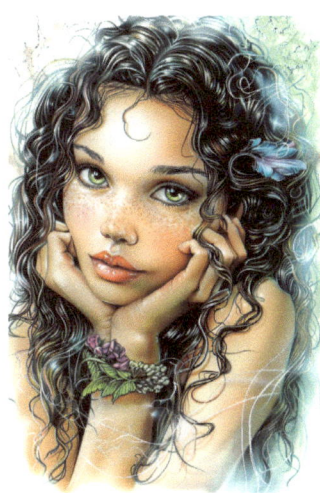

Female portrait --sref **2211420316**

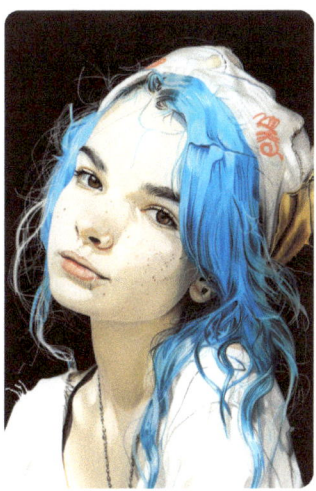

Female portrait --sref **4101609349**

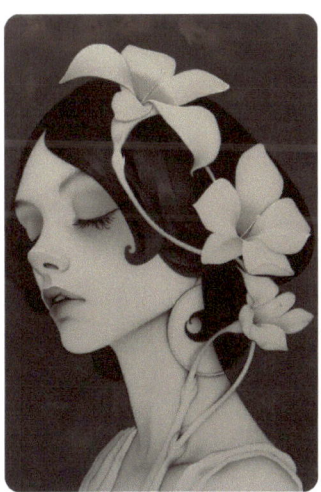

Female portrait --sref **738304901**

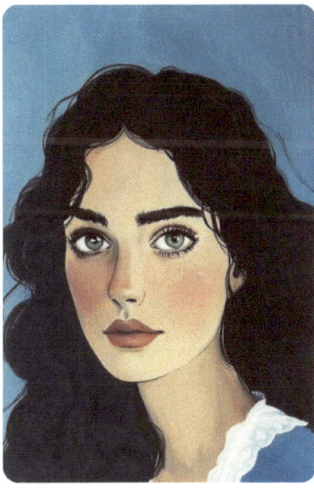

Female portrait --sref **1987682712**

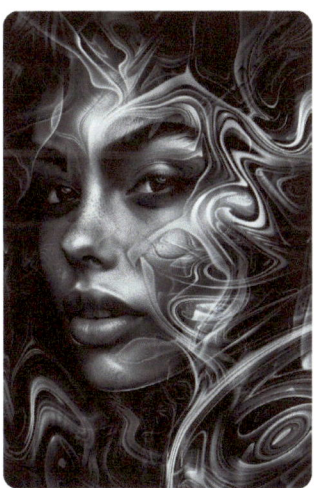

Female portrait --sref **4289481370**

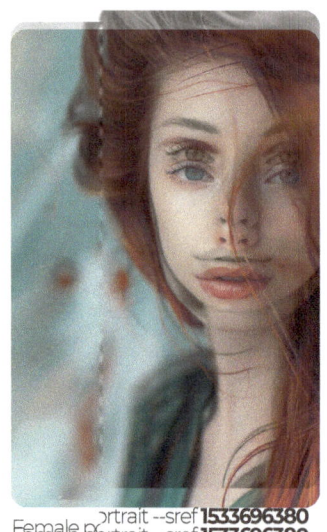

Female portrait --sref **1533696380**
Female portrait --sref **1533696380**

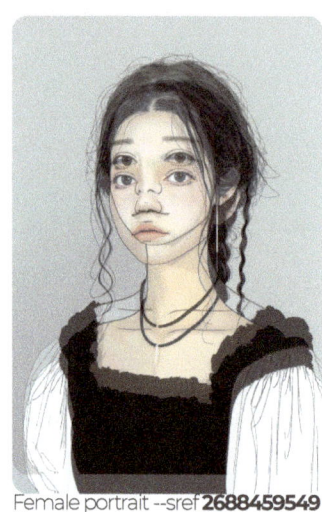

Female portrait --sref **2688459549**
Female portrait --sref **2688459549**

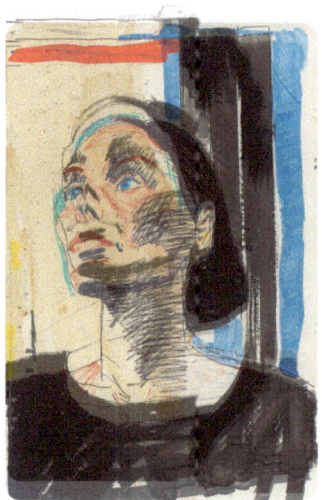

Female portrait --sref **3182922015**
Female portrait --sref **3182922015**

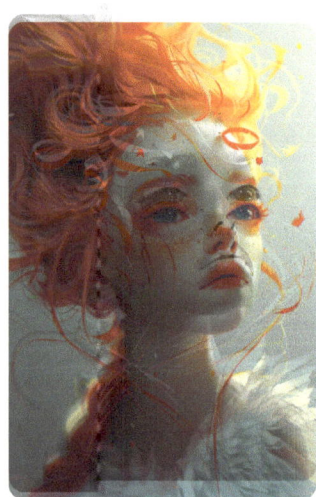

Female portrait --sref **3986566623**
Female portrait --sref **3986566623**

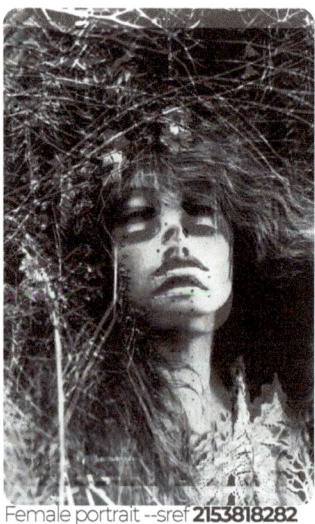

Female portrait --sref **2153818282**
Female portrait --sref **2153818282**

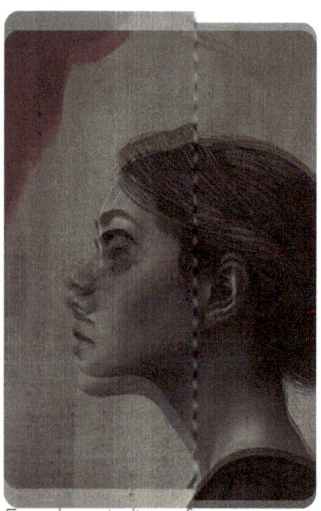

Female portrait --sref **3829271199**
Female portrait --sref **3829271199**

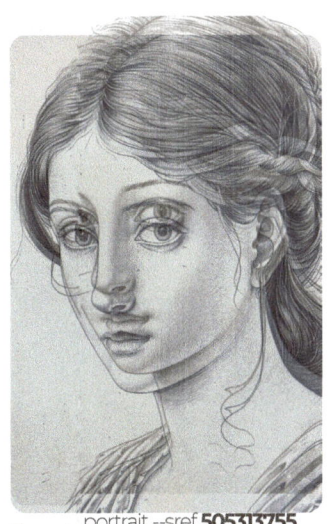

Female portrait --sref **505313755**
Female portrait --sref **505313755**

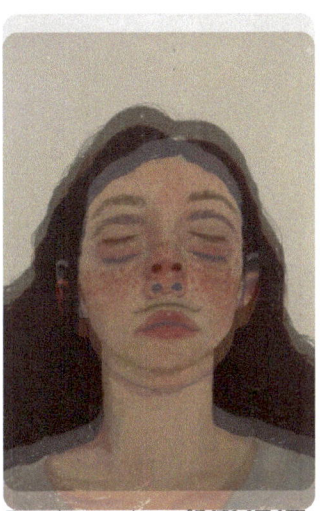

Female portrait --sref **3470451453**
Female portrait --sref **3470451453**

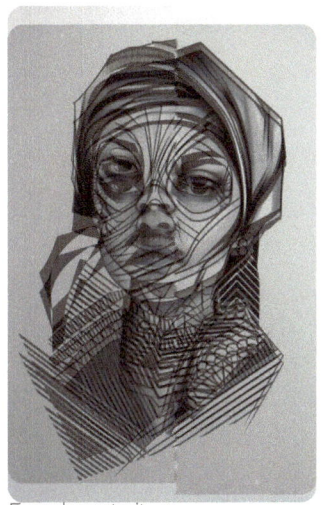

Female portrait --sr... **1764924675**
Female portrait --sref **1764924675**

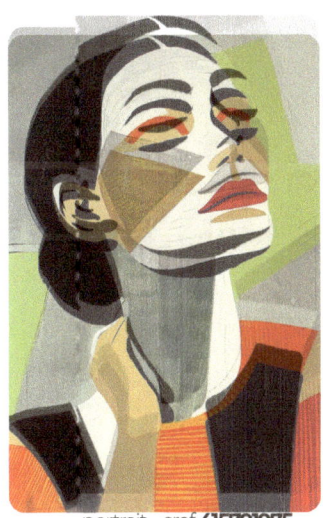

Female portrait --sref **415791975**
Female portrait --sref **415791975**

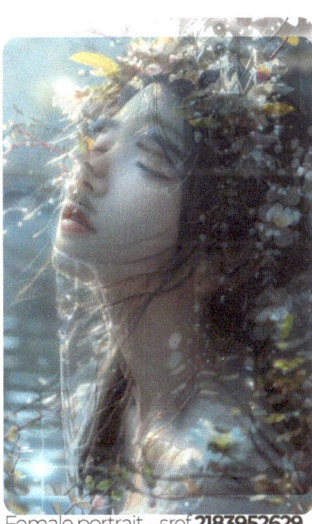

Female portrait --sref **2183952629**
Female portrait --sref **2183952629**

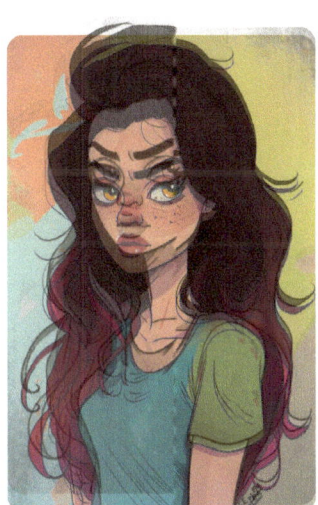

Female portrait --sr... **3255494320**
Female portrait --sref **3255494320**

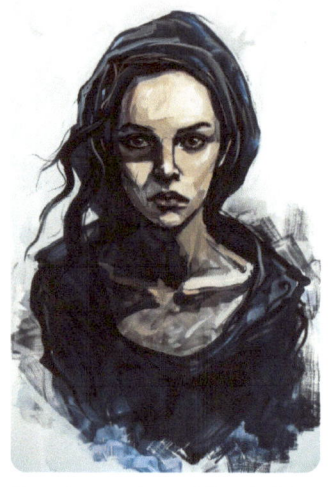

Female portrait --sref **813444700**

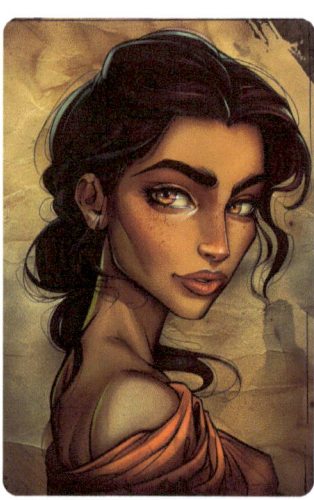

Female portrait --sref **1865885305**

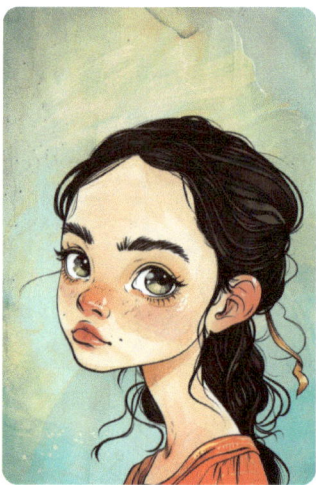

Female portrait --sref **2177149847**

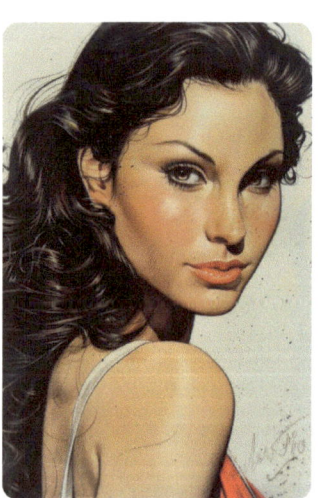

Female portrait --sref **4172073405**

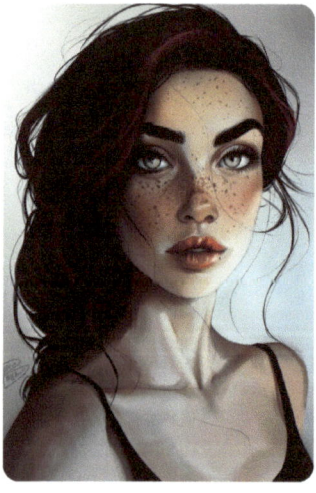

Female portrait --sref **691842991**

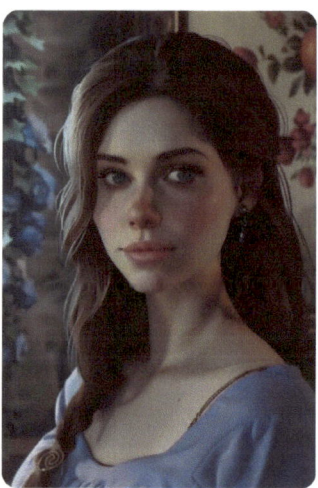

Female portrait --sref **3493537063**

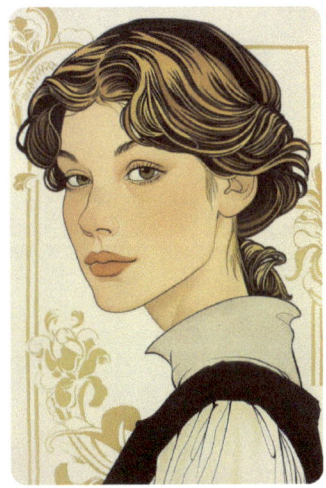

Female portrait --sref **2101577816**

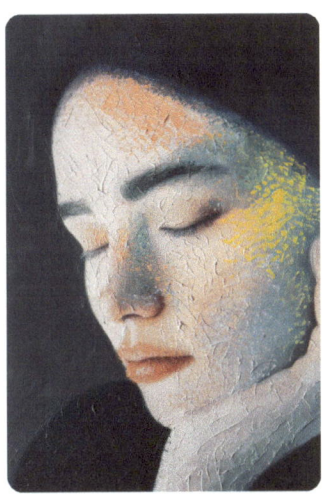

Female portrait --sref **3391195431**

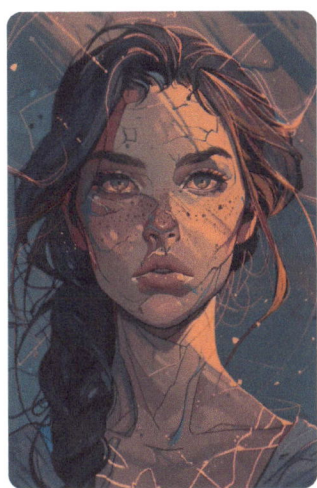

Female portrait --sref **3391195431**

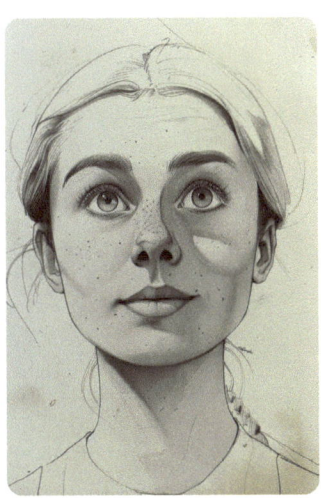

Female portrait --sref **2249018043**

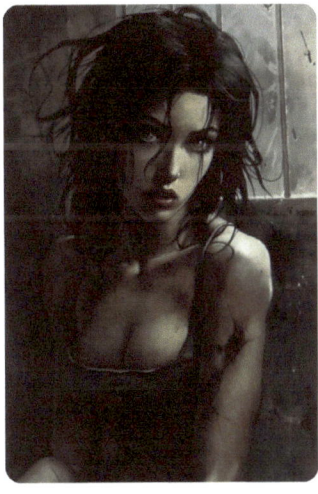

Female portrait --sref **319152602**

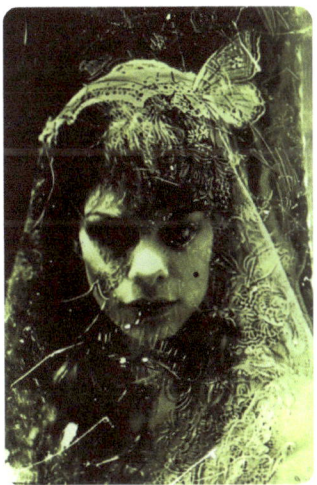

Female portrait --sref **2011452037**

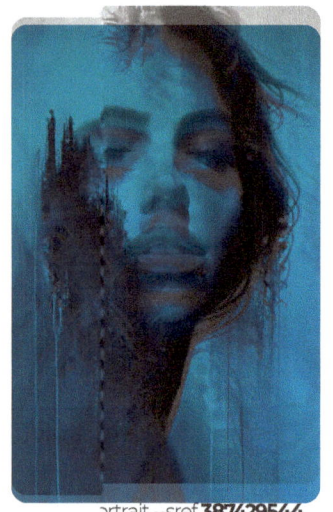

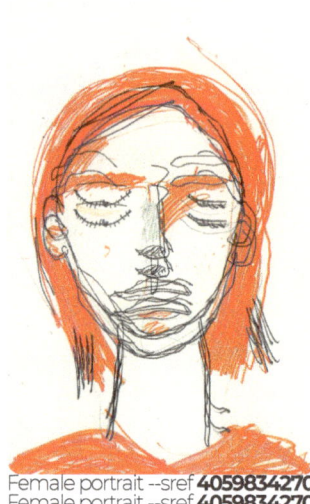

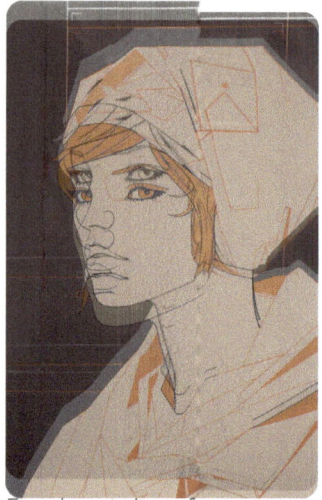

Female portrait --sref **387429544**
Female portrait --sref **387429544**

Female portrait --sref **4059834270**
Female portrait --sref **4059834270**

Female portrait --sref **1635781360**
Female portrait --sref **1635781360**

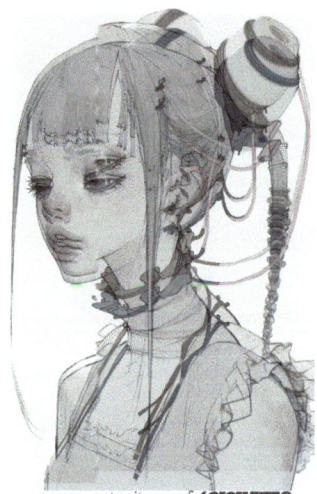

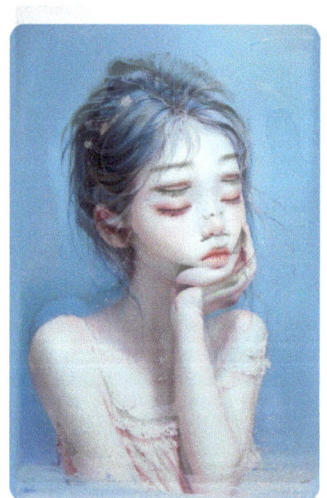

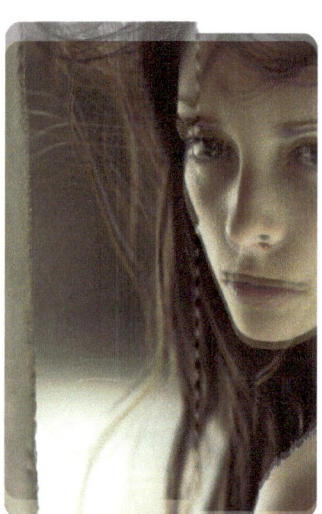

Female portrait --sref **4212115738**
Female portrait --sref **4212115738**

Female portrait --sref **1839784916**
Female portrait --sref **1839784916**

Female portrait --sref **3200**
Female portrait --sref **3200**

l'arte di generare stili personalizzati con l'ia

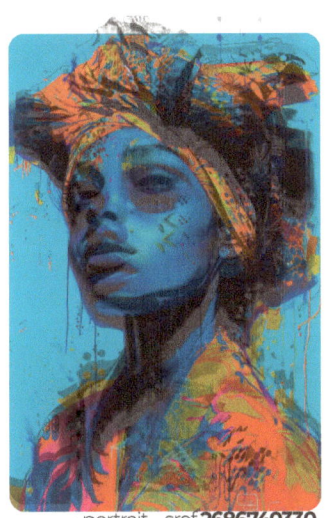

Female portrait --sref **2686740330**
Female portrait --sref **2686740330**

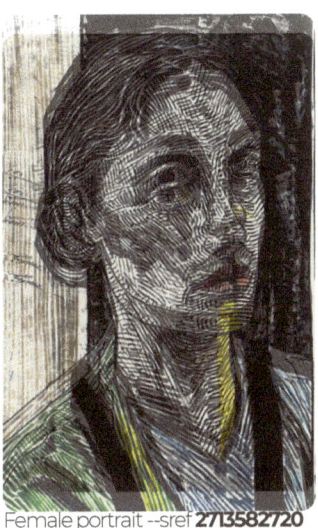

Female portrait --sref **2713582720**
Female portrait --sref **2713582720**

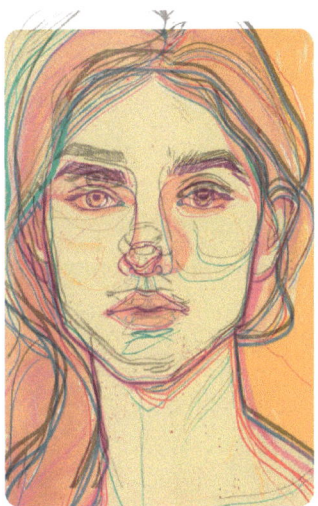

Female portrait --sr...
Female portrait --sref **3035259247**

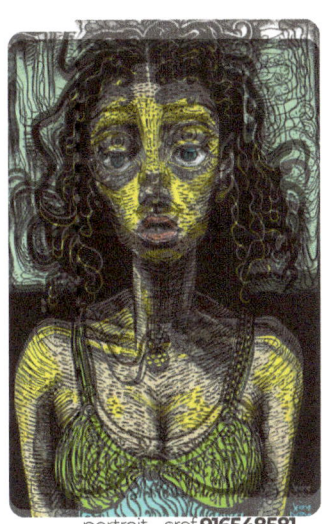

Female portrait --sref **916548581**
Female portrait --sref **916548581**

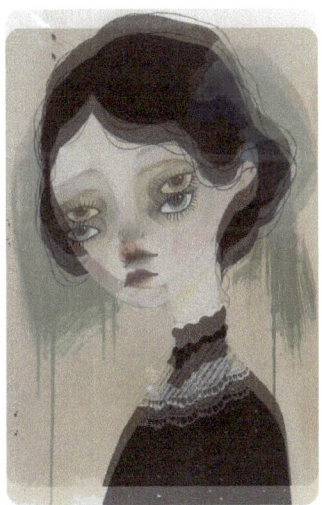

Female portrait --sref **3761239642**
Female portrait --sref **3761239642**

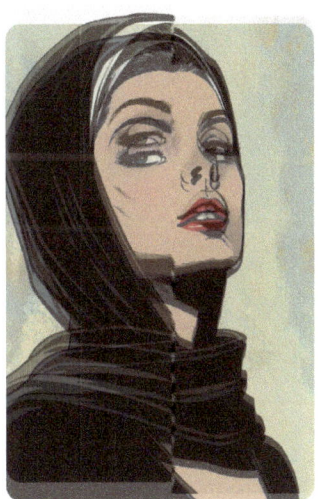

Female portrait --sr...
Female portrait --sref **4294967295**

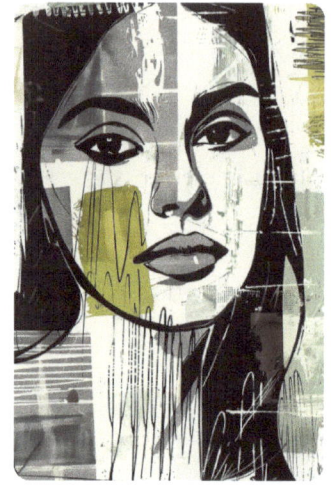

Female portrait --sref **2472621543**

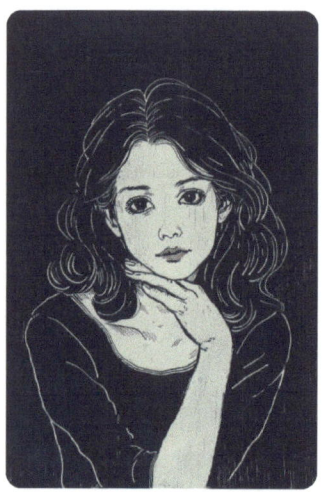

Female portrait --sref **3419166119**

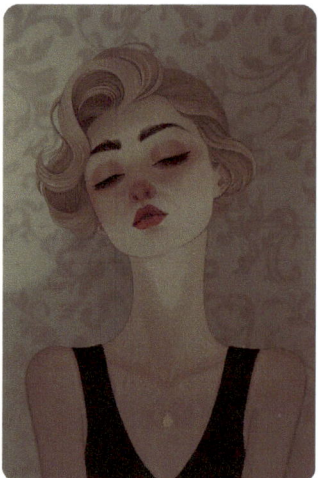

Female portrait --sref **5302024**

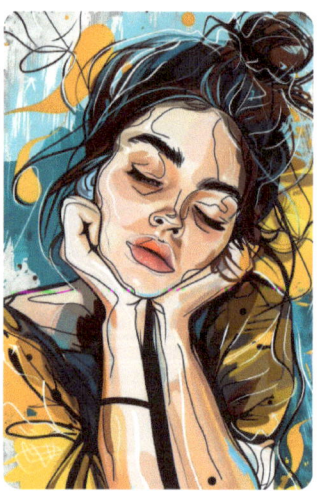

Female portrait --sref **20240627**

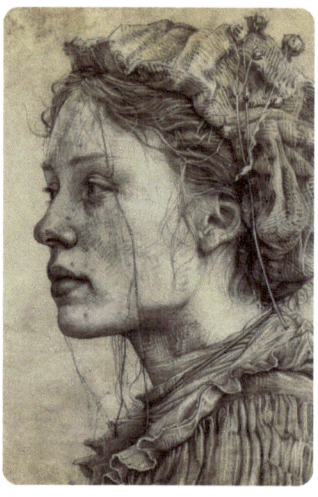

Female portrait --sref **776144174**

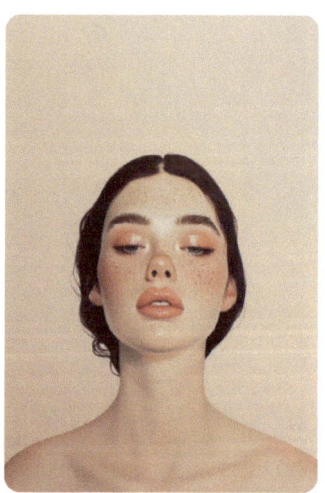

Female portrait --sref **577817196**

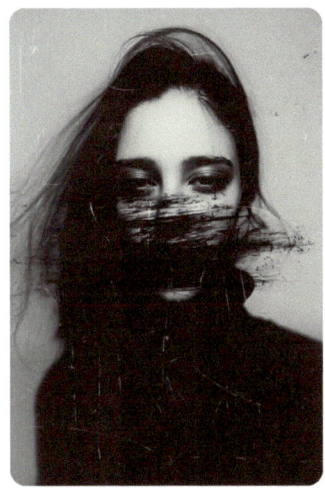

Female portrait --sref **373**

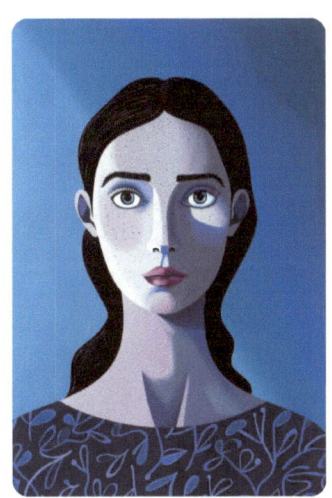

Female portrait --sref **783**

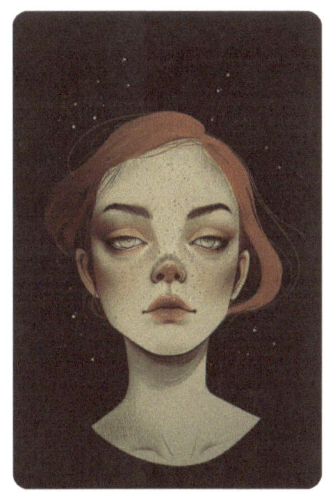

Female portrait --sref **24000022**

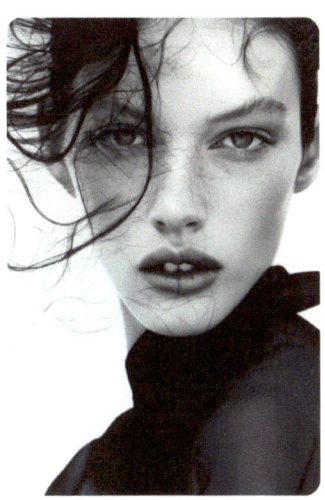

Female portrait --sref **557**

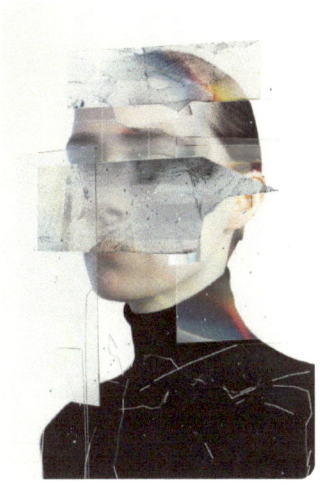

Female portrait --sref **3844938906**

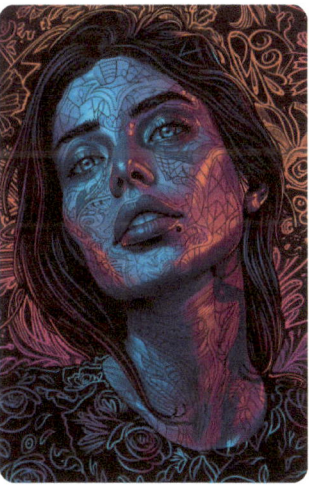

Female portrait --sref **1031796828**

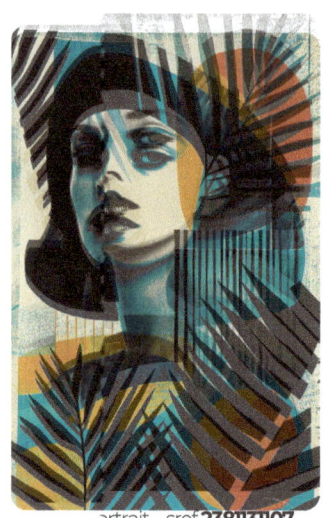

Female portrait --sref **2381131107**
Female portrait --sref **2381131107**

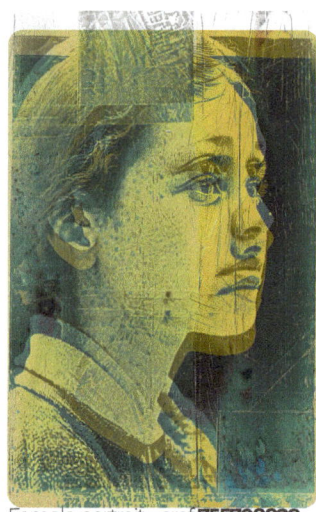

Female portrait --sref **755708829**
Female portrait --sref **755708829**

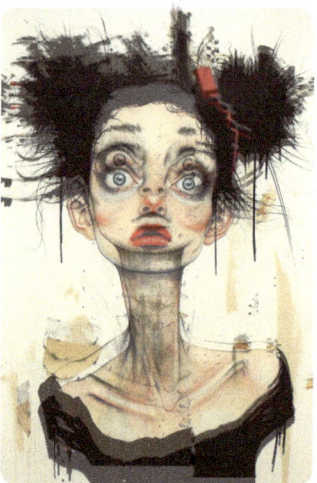

Female portrait --sref **4052966870**
Female portrait --sref **4052966870**

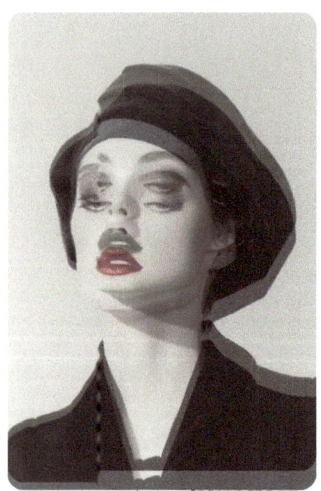

Female portrait --sref **1851881805**
Female portrait --sref **1851881805**

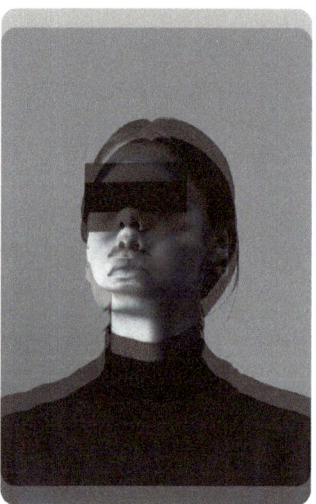

Female portrait --sref **1872206420**
Female portrait --sref **1872206420**

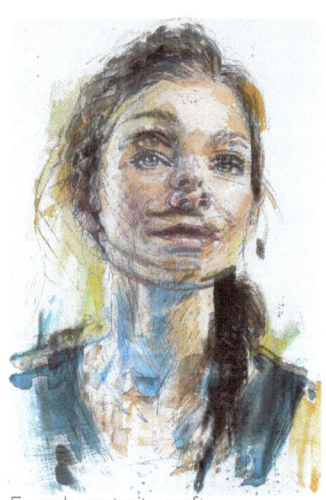

Female portrait --sref **1975653052**
Female portrait --sref **1975653052**

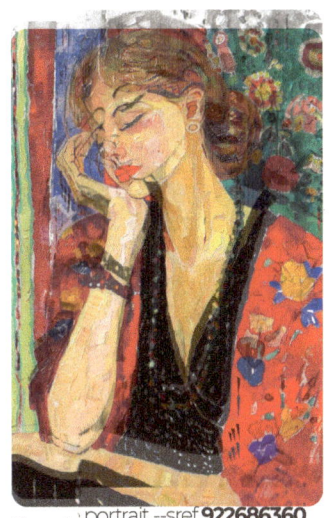

Female portrait --sref **922686360**
Female portrait --sref **922686360**

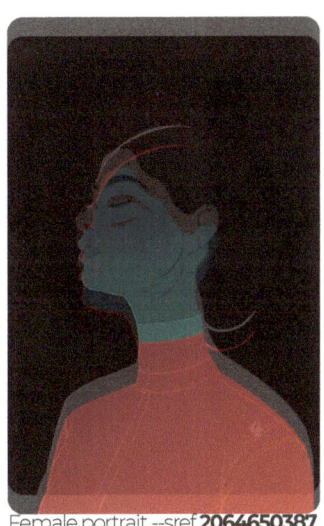

Female portrait --sref **2064650387**
Female portrait --sref **2064650387**

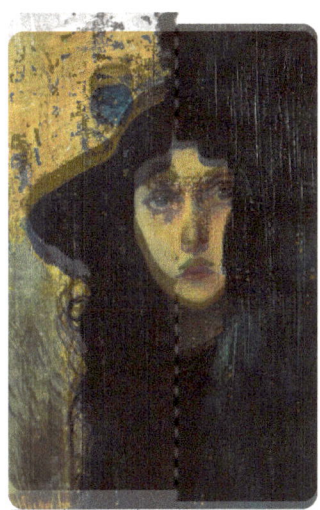

Female portrait --sr~~ef 3701757032~~
Female portrait --sref **3701757032**

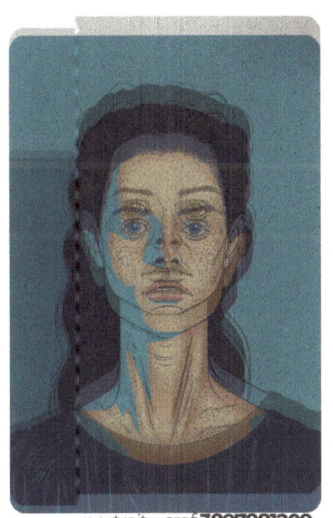

Female portrait --sref **3897881209**
Female portrait --sref **3897881209**

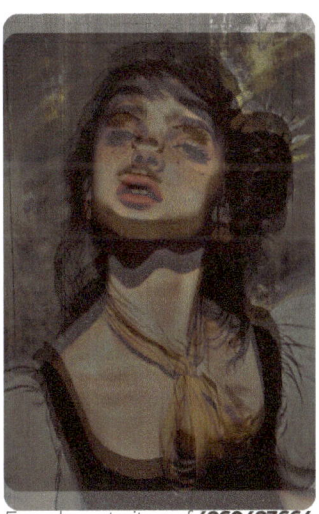

Female portrait --sref **4260423664**
Female portrait --sref **4260423664**

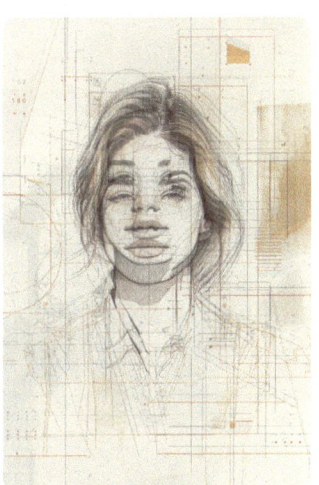

Female portrait --sr~~ef 1687696674~~
Female portrait --sref **1687898634**

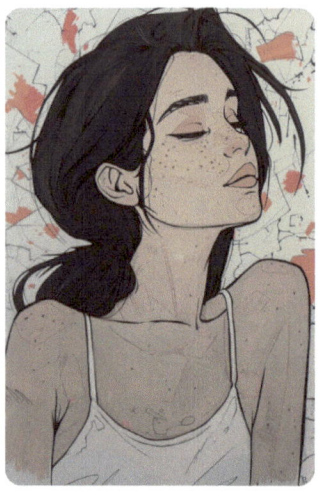

Female portrait --sref **1459128765**

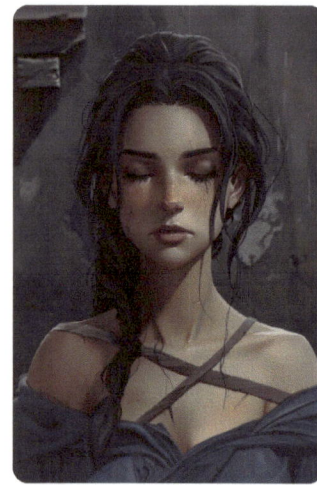

Female portrait --sref **1689584363**

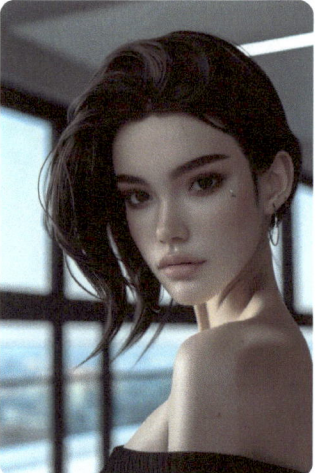

Female portrait --sref **1249996062**

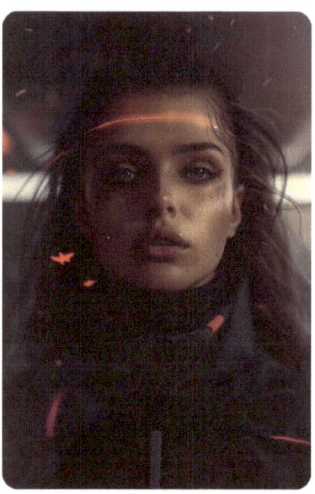

Female portrait --sref **642458668**

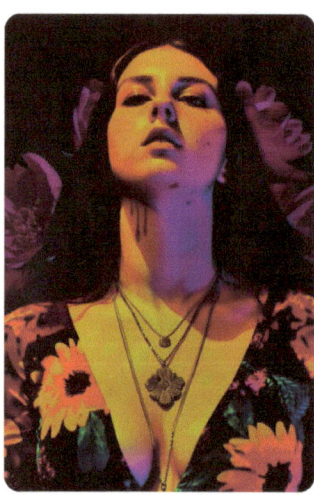

Female portrait --sref **4055354536**

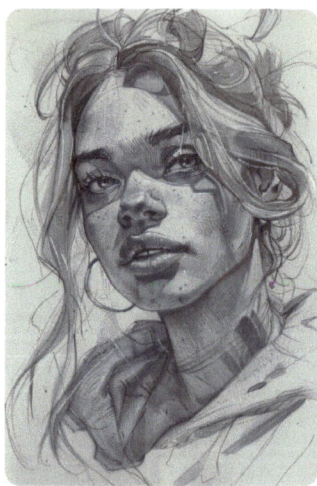

Female portrait --sref **20240616**

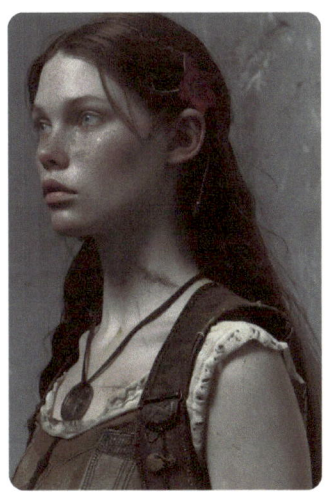

Female portrait --sref **647773822**

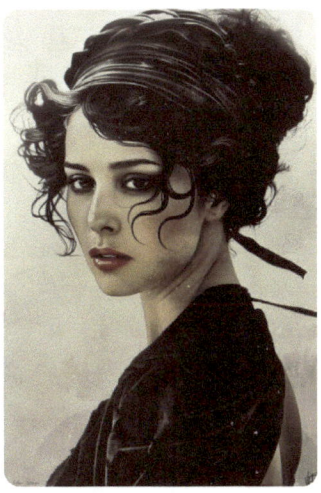

Female portrait --sref **2472004205**

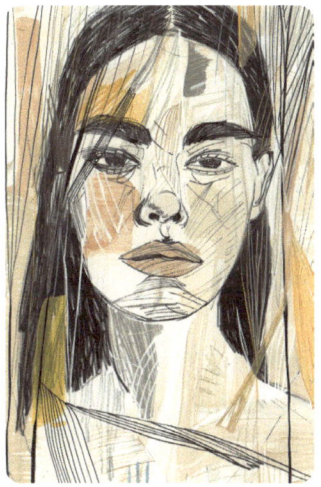

Female portrait --sref **1961992465**

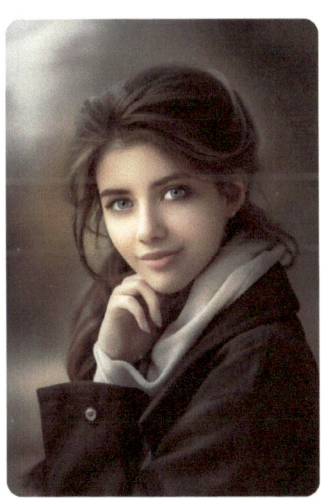

Female portrait --sref **3693830251**

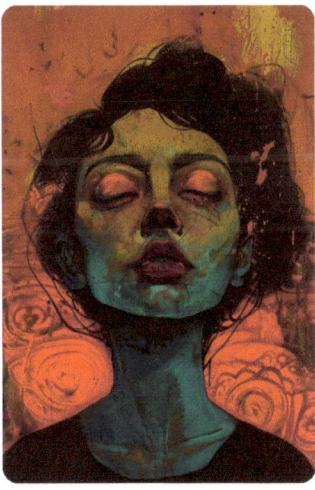

Female portrait --sref **3240549077**

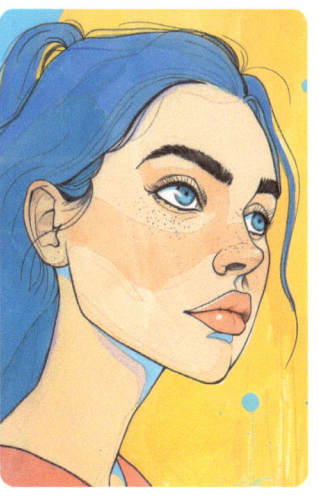

Female portrait --sref **2148072434**

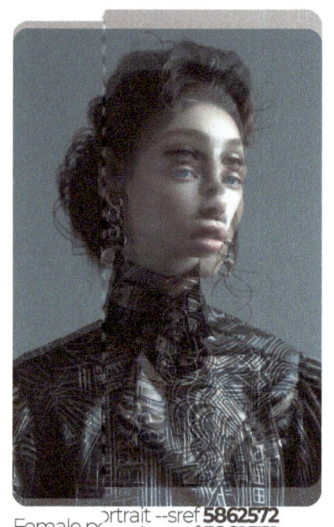

Female portrait --sref **5862572**
Female portrait --sref **5862572**

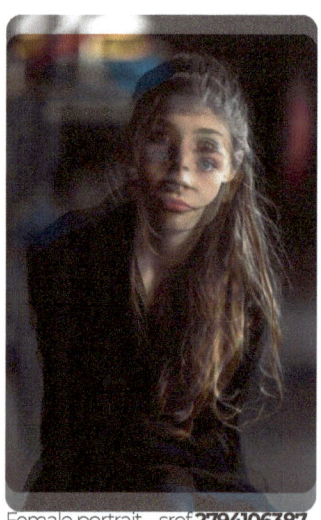

Female portrait --sref **2794106387**
Female portrait --sref **2794106387**

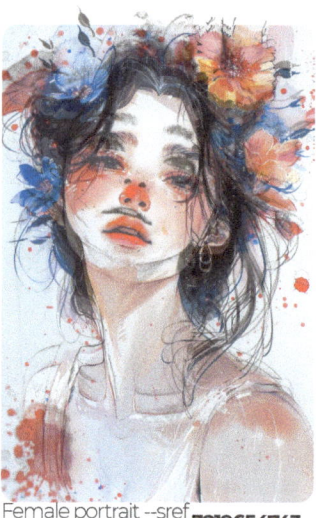

Female portrait --sref **3219654743**
Female portrait --sref **3219654743**

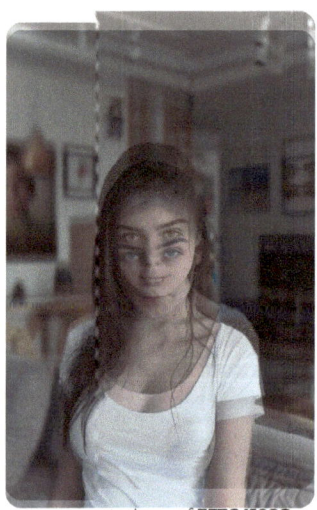

Female portrait --sref **553641028**
Female portrait --sref **553641028**

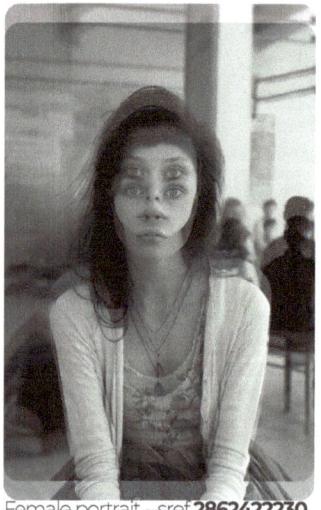

Female portrait --sref **2862422230**
Female portrait --sref **2862422230**

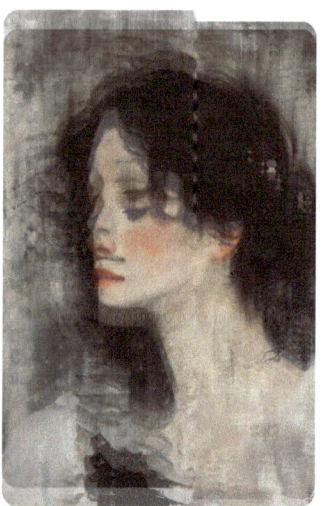

Female portrait --sref **2069007749**
Female portrait --sref **2069007749**

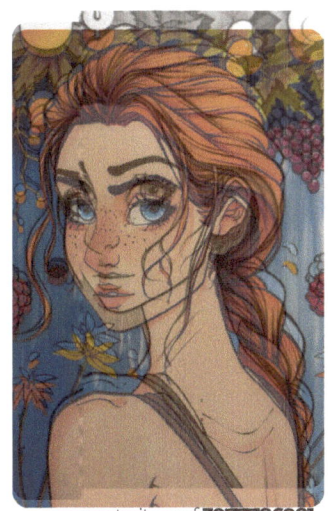

Female portrait --sref **3977786981**
Female portrait --sref **3977786981**

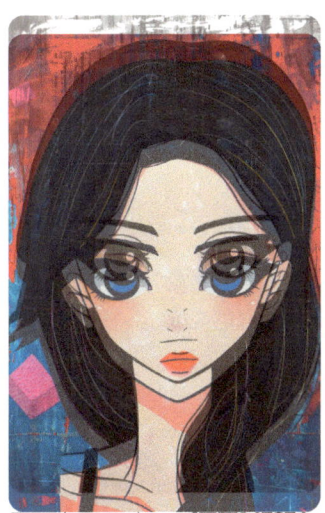

Female portrait --sref **1353243834**
Female portrait --sref **1353243834**

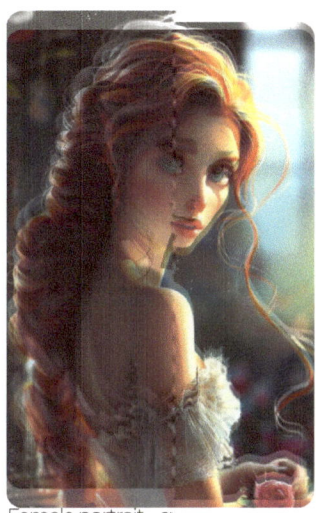

Female portrait --sr...ef **1233366278**
Female portrait --sref **1233366278**

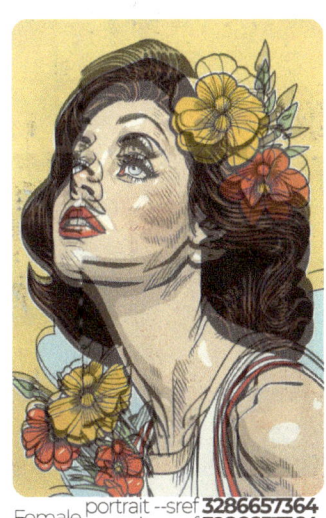

Female portrait --sref **3286657364**
Female portrait --sref **3286657364**

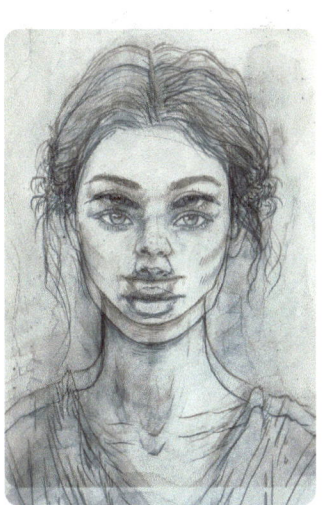

Female portrait --sref **1139701062**
Female portrait --sref **1139701062**

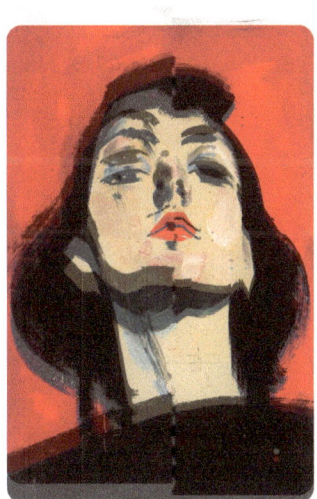

Female portrait --sr...ef **3359081976**
Female portrait --sref **3359081976**

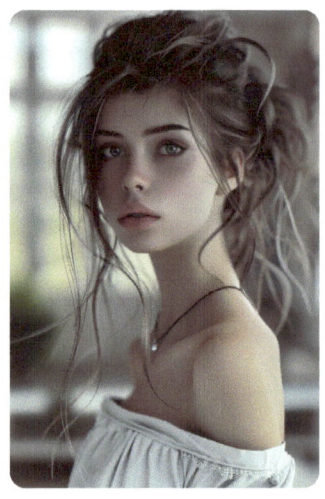

Female portrait --sref **335902878**

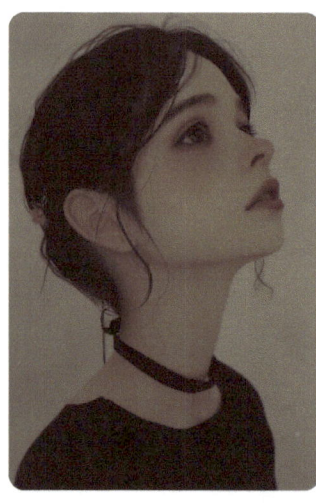

Female portrait --sref **3008609073**

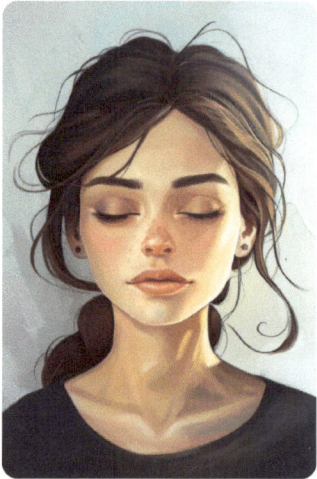

Female portrait --sref **1046774168**

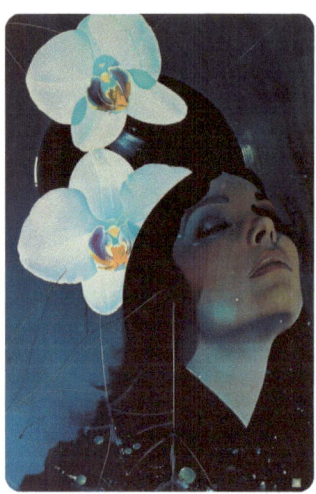

Female portrait --sref **1856301189**

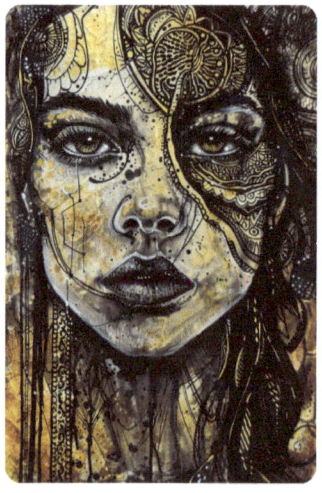

Female portrait --sref **1140670621**

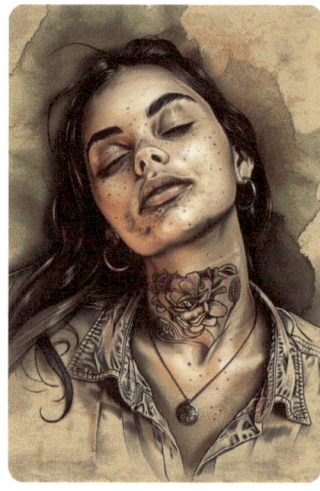

Female portrait --sref **447239176**

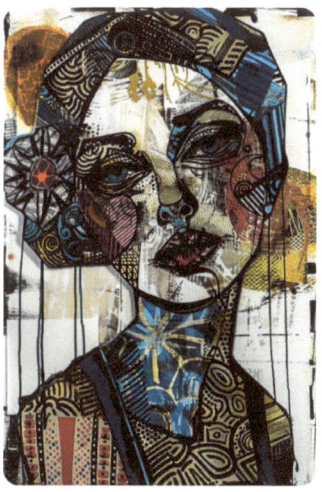

Female portrait --sref **970869276**

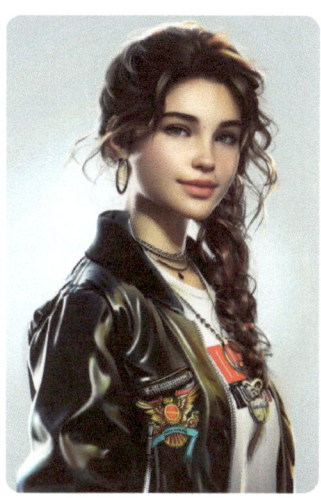

Female portrait --sref **970869276**

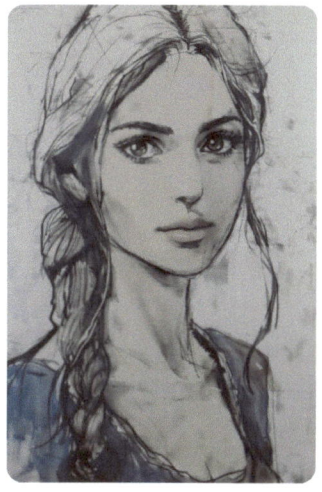

Female portrait --sref **1731589174**

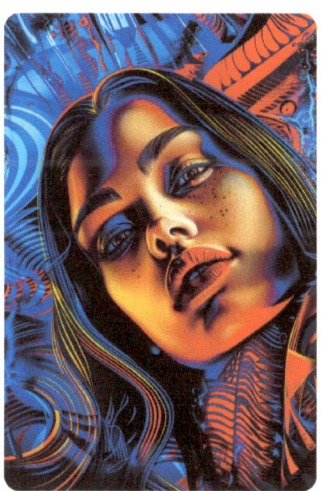

Female portrait --sref **881815916**

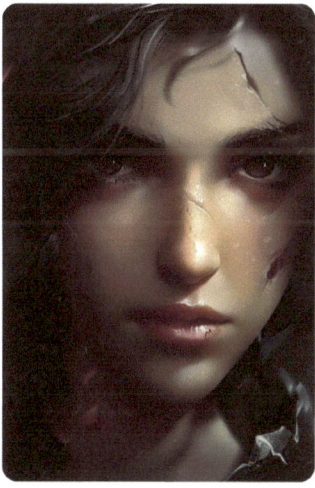

Female portrait --sref **1946802936**

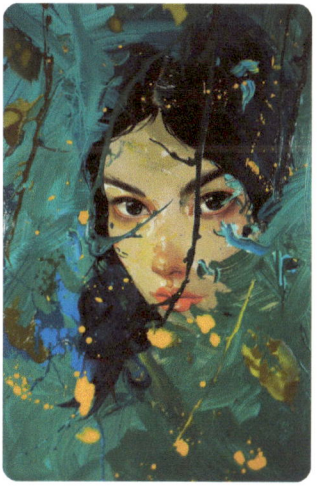

Female portrait --sref **2373237091**

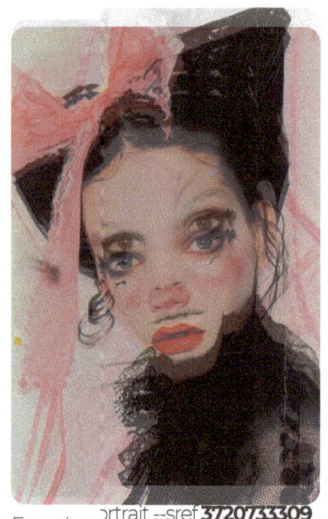

Female portrait --sref **3720733309**
Female portrait --sref **3720733309**

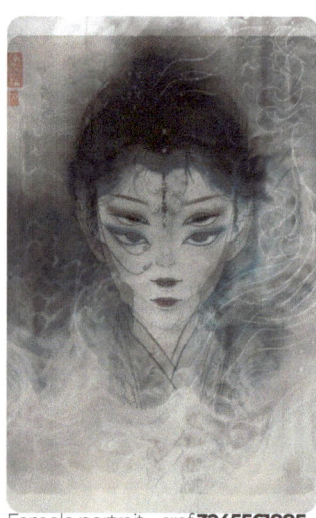

Female portrait --sref **3245561885**
Female portrait --sref **3245561885**

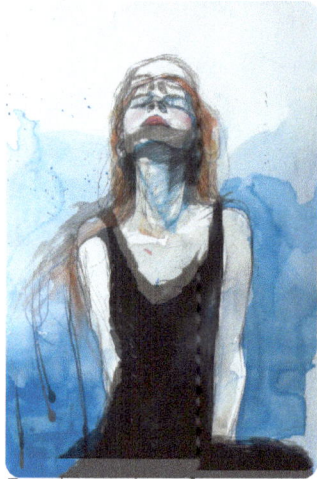

Female portrait --sref **4077003879**
Female portrait --sref **4077003879**

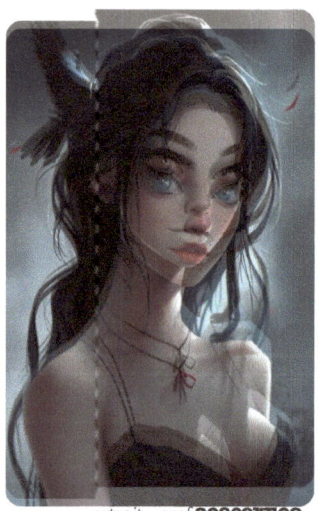

Female portrait --sref **2080917109**
Female portrait --sref **2080917109**

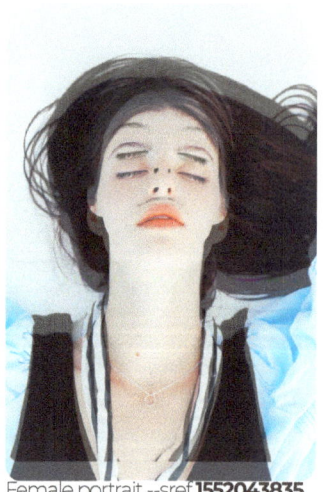

Female portrait --sref **1552043835**
Female portrait --sref **1552043835**

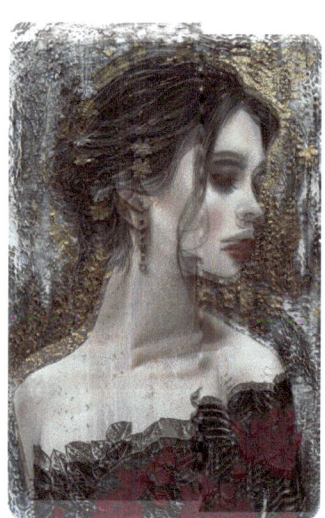

Female portrait --sref **3490687635**
Female portrait --sref **3490687635**

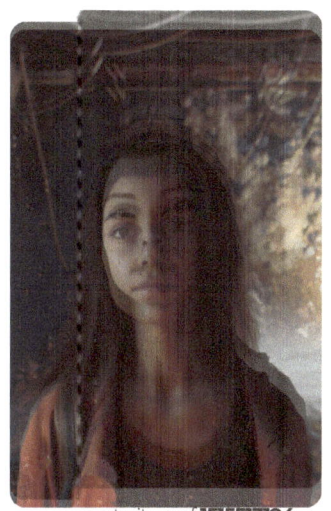

Female portrait --sref **1515513194**
Female portrait --sref **1515513194**

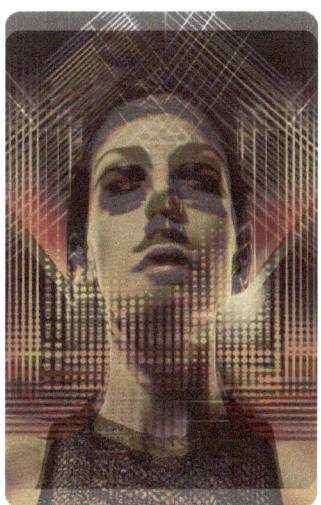

Female portrait --sref **1075569000**
Female portrait --sref **1075569000**

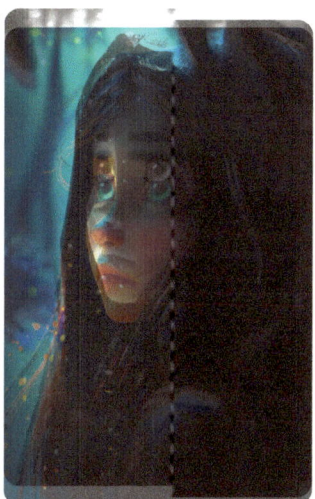

Female portrait --sr...ef **1018345985**
Female portrait --sref **1018345985**

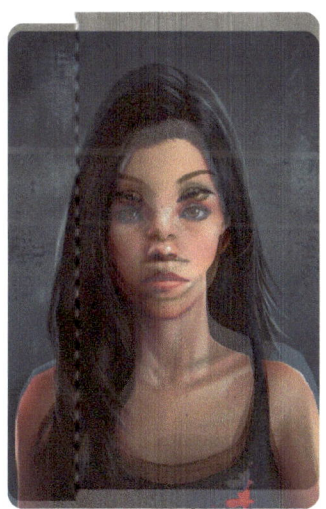

Female portrait --sref **2672609585**
Female portrait --sref **2672609585**

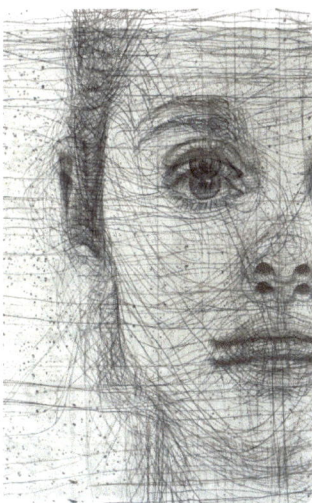

Female portrait --sref **527658160**
Female portrait --sref **527658160**

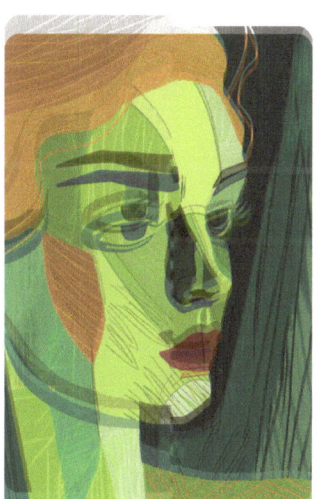

Female portrait --sr...ef **1896223148**
Female portrait --sref **1896223148**

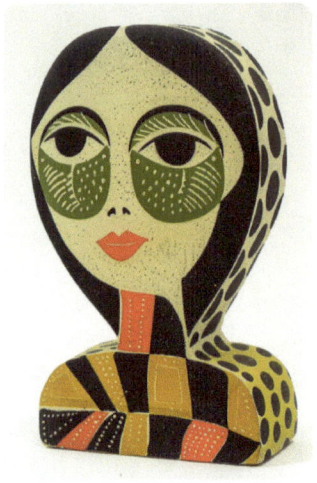

Female portrait --sref **3260027413**

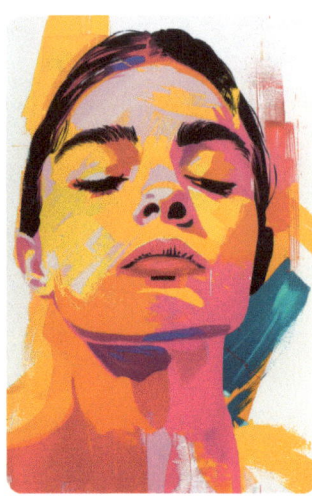

Female portrait --sref **4140967924**

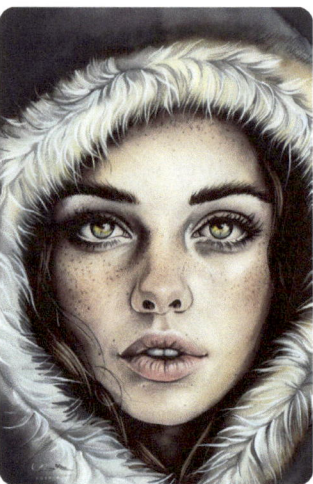

Female portrait --sref **2255789302**

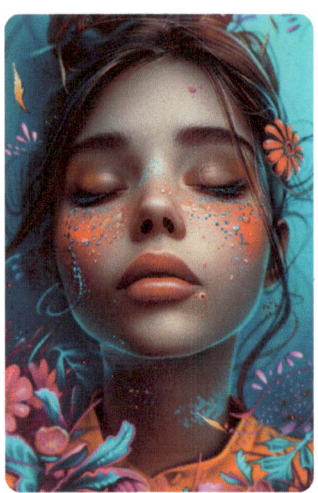

Female portrait --sref **769358618**

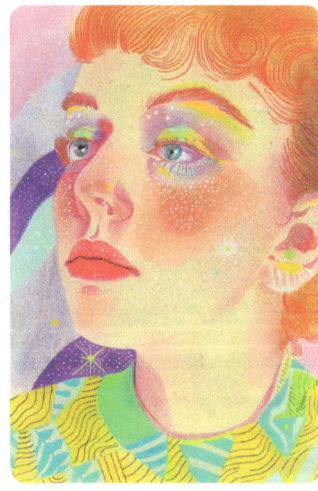

Female portrait --sref **263540803**

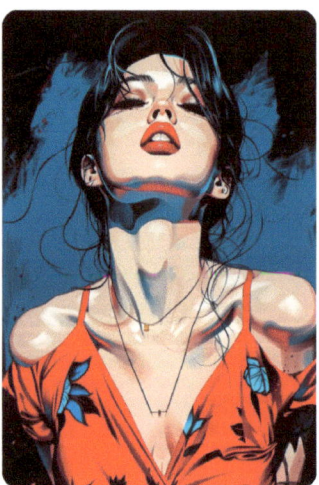

Female portrait --sref **2376784914**

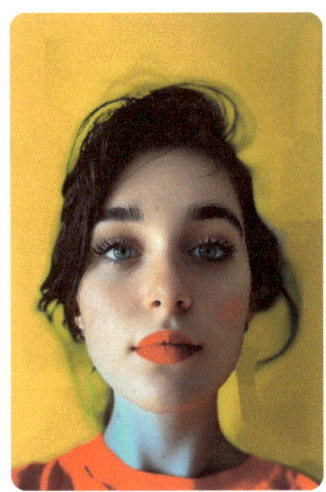

Female portrait --sref **3927322257**

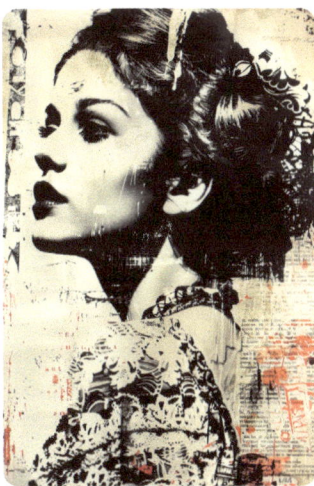

Female portrait --sref **2438426728**

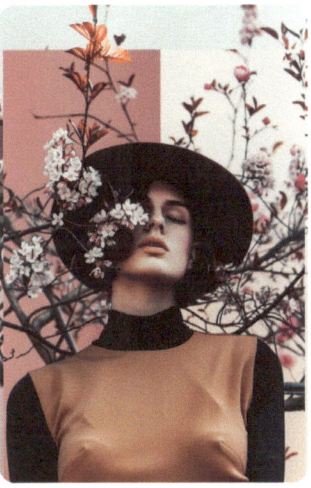

Female portrait --sref **952191169**

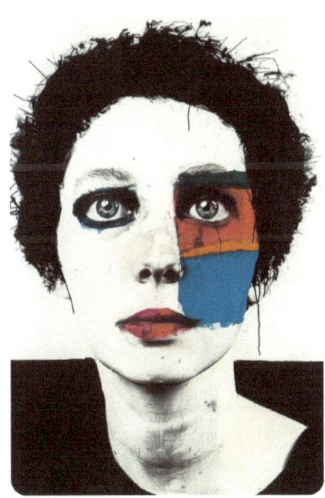

Female portrait --sref **1310231151**

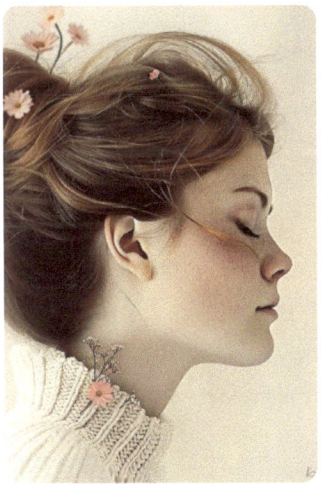

Female portrait --sref **1232155288**

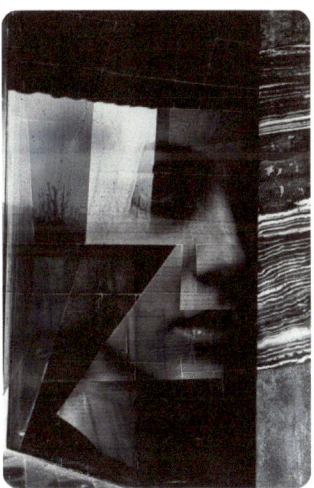

Female portrait --sref **1451687722**

Ora ti rivelo un segreto che ti permetterà di personalizzare ulteriormente la tua ricerca: prova a scrivere "--sref random" senza inserire il codice.

In questo modo chiederai a MJ di provarne uno per te. "Random" verrà trasformato in un valore numerico casuale. In alternativa prova ad usare dei numeri particolari, la tua data di nascita, l'ora, l'anno, il tuo numero di telefono e qualsiasi altro spunto derivi dalla tua fantasia matematica.

Negli esempi di seguito ho semplicemente usato una numerazione progressiva da 1 a 12.

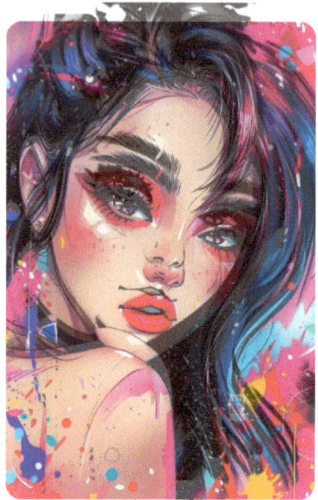

Female portrait --sref **1**

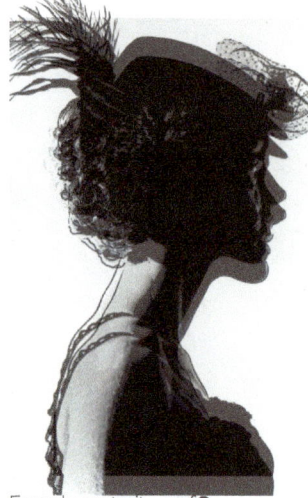

Female portrait --sref **2**

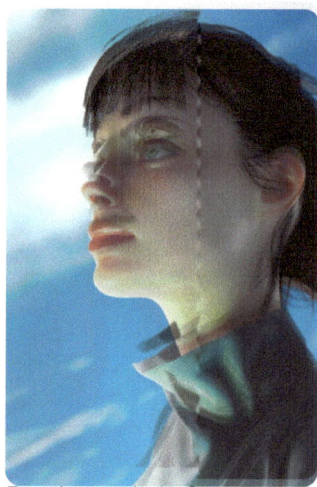

Female portrait --sref **3**

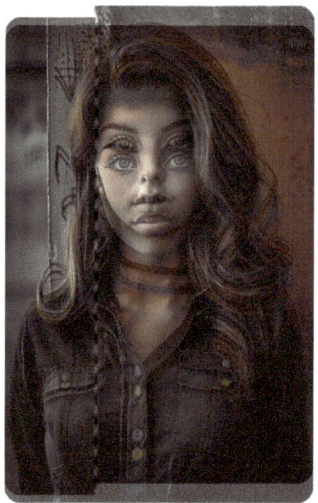

Female portrait --sref **4**

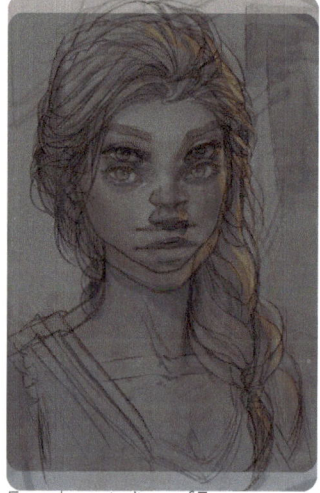

Female portrait --sref **5**

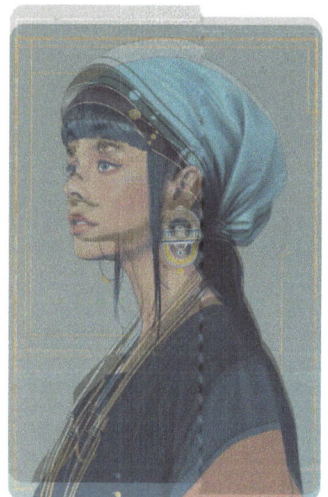

Female portrait --sref **6**

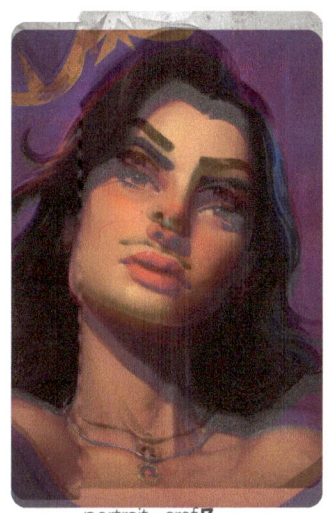

Female portrait --sref **7**
Female portrait --sref **7**

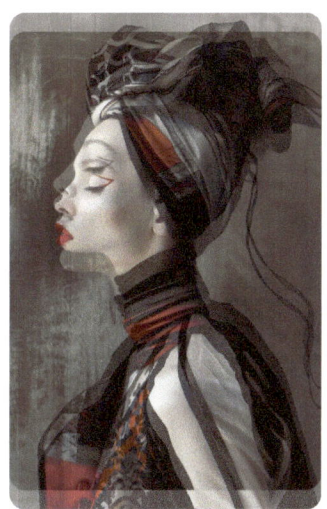

Female portrait --sref **8**
Female portrait --sref **8**

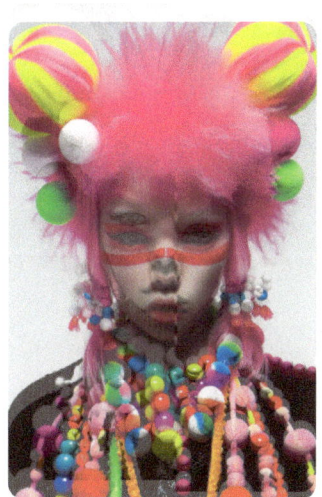

Female portrait --sr
Female portrait --sref **9**

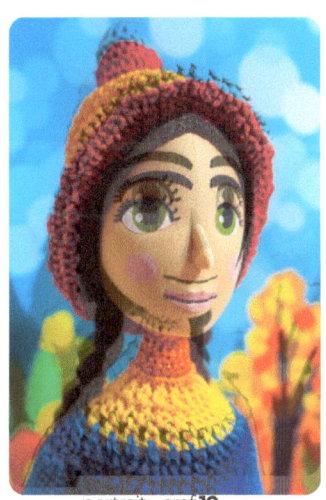

Female portrait --sref **10**
Female portrait --sref **10**

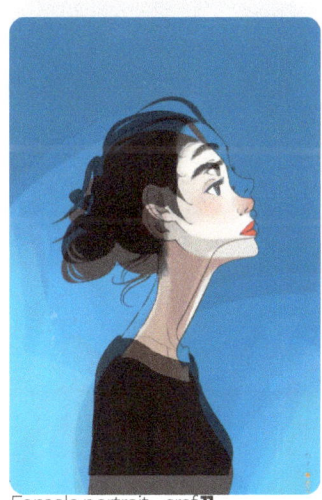

Female portrait --sref **11**
Female portrait --sref **11**

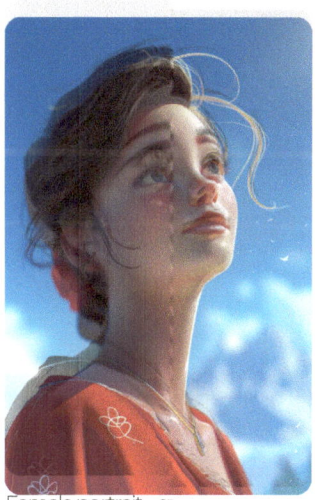

Female portrait --sr
Female portrait --sref **12**

Arrivato a questo punto avrai compreso le potenzialità dell'uso del codice (ti chiedo, se non ottieni il risultato sperato al primo tentativo, di provare più volte). Ora prova a cambiare semplicemente il soggetto del prompt per personalizzare la tua richiesta.

Codice scelto: **1896223148**

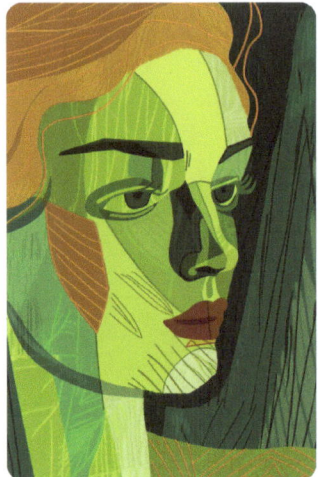

Female portrait --sref **1896223148**

Soggetto: **Dream**

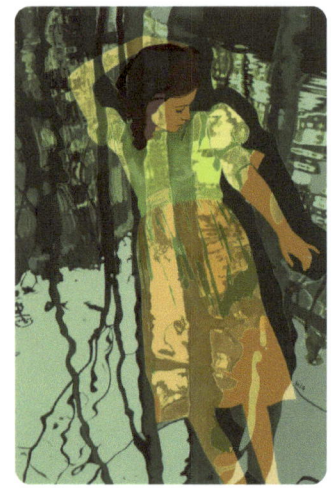

Dream --sref **1896223148**

Soggetto: **Landscape**

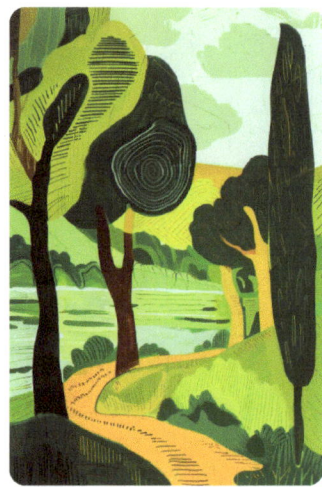

Landscape --sref **1896223148**

Soggetto: **City**

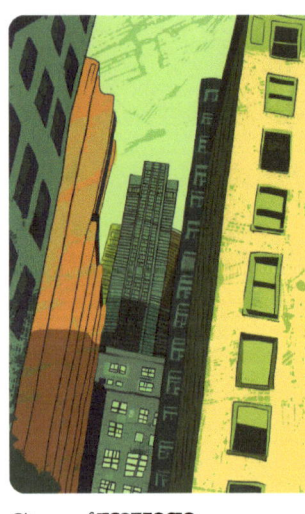

City --sref **769358618**

Soggetto: **Fish**

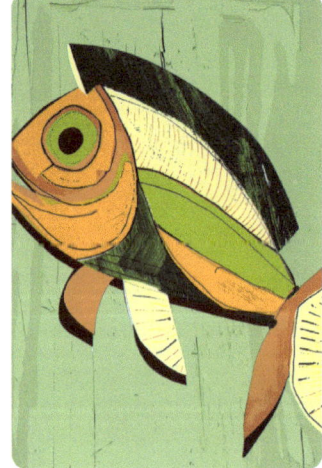

Fish --sref **263540803**

Soggetto: **Boy**

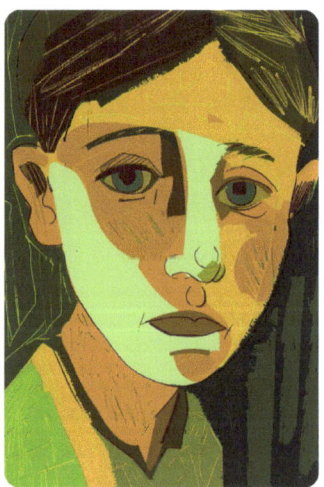

Boy --sref **2376784914**

Quindi ora puoi, dopo aver scelto il codice che ti piace, ottenere immagini coerenti fra loro, in questo modo potrai illustrare un libro per bambini, creare una graphic novel o creare delle opere da vendere o appendere in casa.

Negli esempi di questa pagina ho aggiunto anche il parametro "**in the style of**" seguito dal nome di un artista famoso per migliorare ulteriormente la tua richiesta e generare un'immagine unica.

Codice scelto: **1896223148**

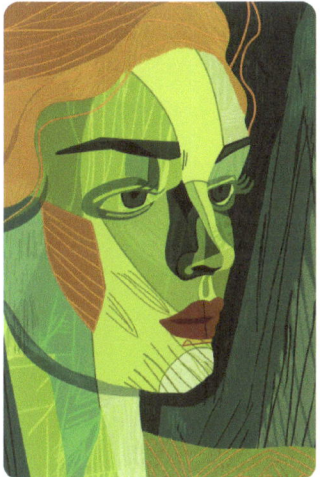

Female portrait --sref **1896223148**

Nello stile di: **Picasso**

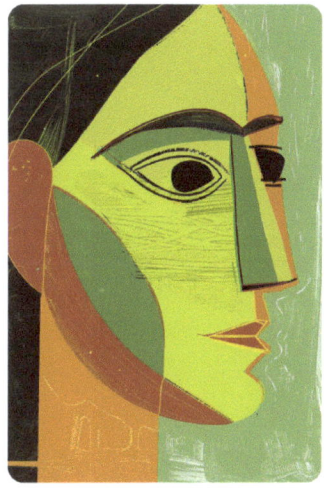

Female portrait, in the style of **Picasso** --sref 1896223148

Nello stile di: **Basquiat**

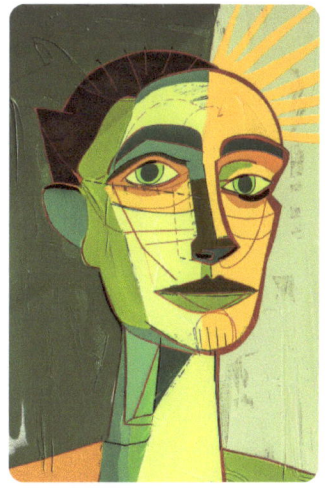

Female portrait, in the style of **Basquiat** --sref 1896223148

Nello stile di: **Van Gogh**

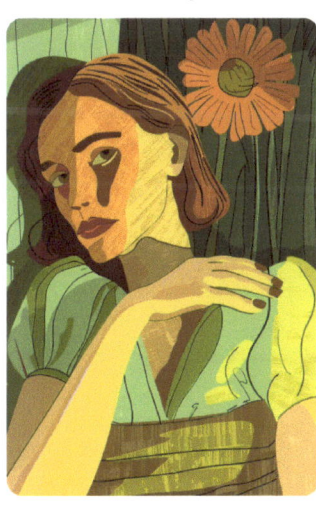

Female portrait, in the style of **Van Gogh** --sref 1896223148

Nello stile di: **Matisse**

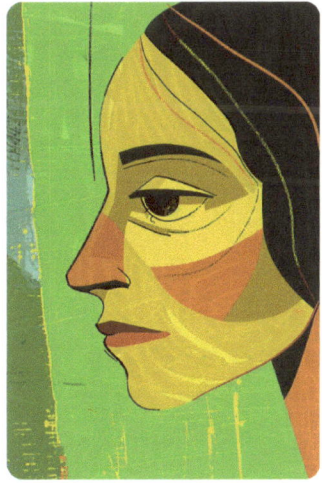

Female portrait, in the style of **Matisse** --sref 1896223148

Nello stile di: **Klimt**

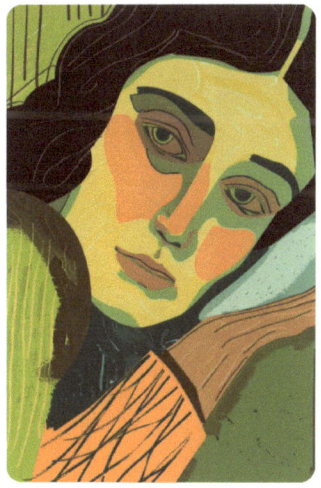

Female portrait, in the style of **Klimt** --sref 1896223148

Ma non è tutto, puoi aggiungere anche altri artisti e miscelare più stili tra loro. Prova, per esempio, dopo "female portrait" ad insere "in the style of **Matisse**, in the style of **Van Gogh**, in the style of **Klimt**, in the style of **Basquiat**, in the style of **Picasso**".

Questo è il risultato: un'immagine artisticamente interessante, un'opera creata grazie alla tua ricerca personale, uno studio in cui l'intelligenza artificiale è diventata partner prezioso e non sostituto.

Questo è il risultato: un'immagine artisticamente interessante, un'opera creata grazie alla tua ricerca personale, uno studio in cui l'intelligenza artificiale è diventata partner prezioso e non sostituto.

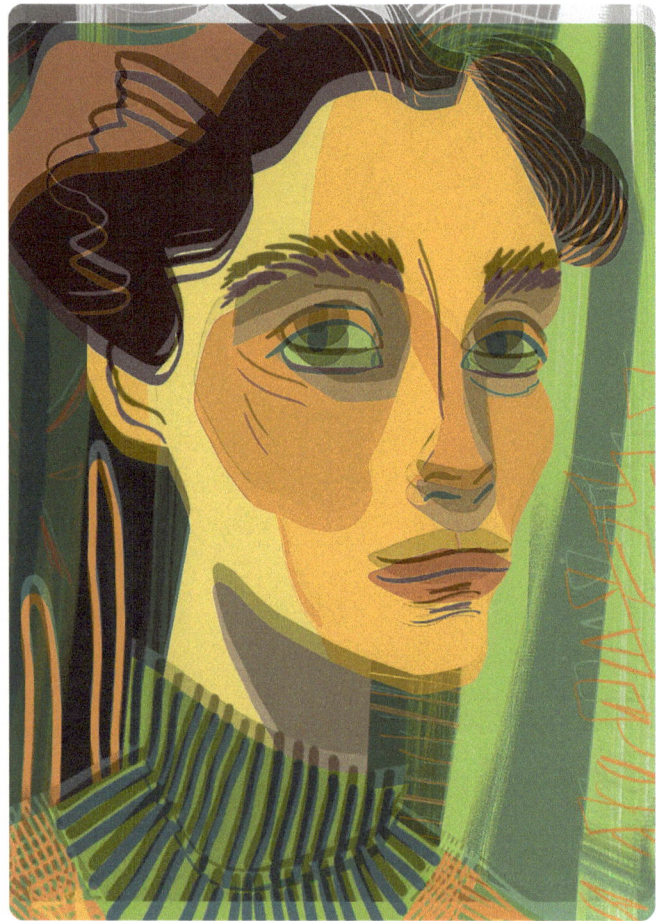

Female portrait, in the style of **Matisse**, in the style of **Van Gogh**, in the style of **Klimt**, in the style of **Basquiat**, in the style of **Picasso** --sref 1896223148 --ar 2:3

Female portrait, in the style of **Matisse**, in the style of **Van Gogh**, in the style of **Klimt**, in the style of **Basquiat**, in the style of **Picasso** --sref 1896223148 --ar 2:3

Pensa infine a quella che io chiamo la **fase magica** in cui puoi miscelare **2** "--sref" ed ottenere la "somma grafica" dei due valori, un risultato inimitabile che potrà diventare, se lo vorrai, il tuo stile artistico personale:

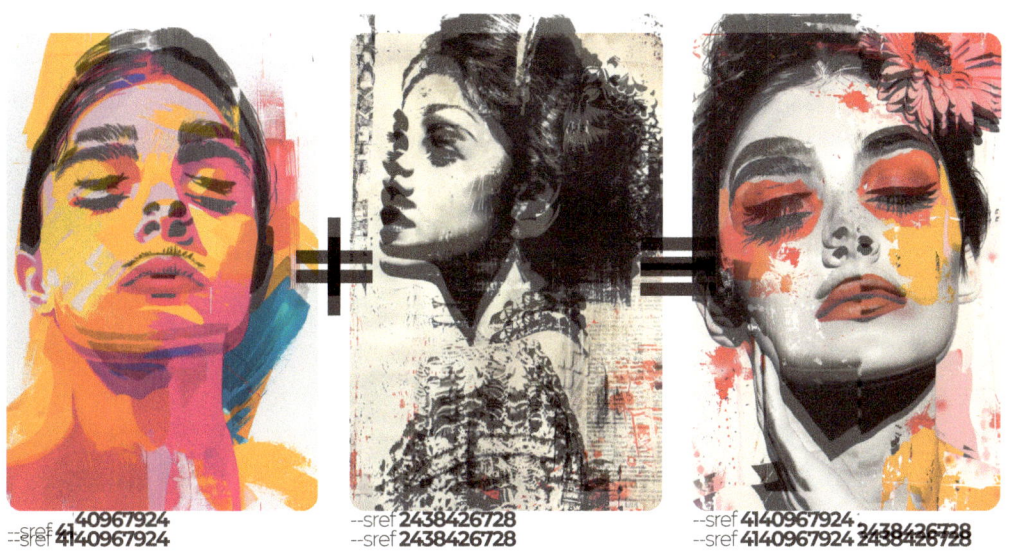

--sref 4140967924   --sref 2438426728   --sref 4140967924 2438426728

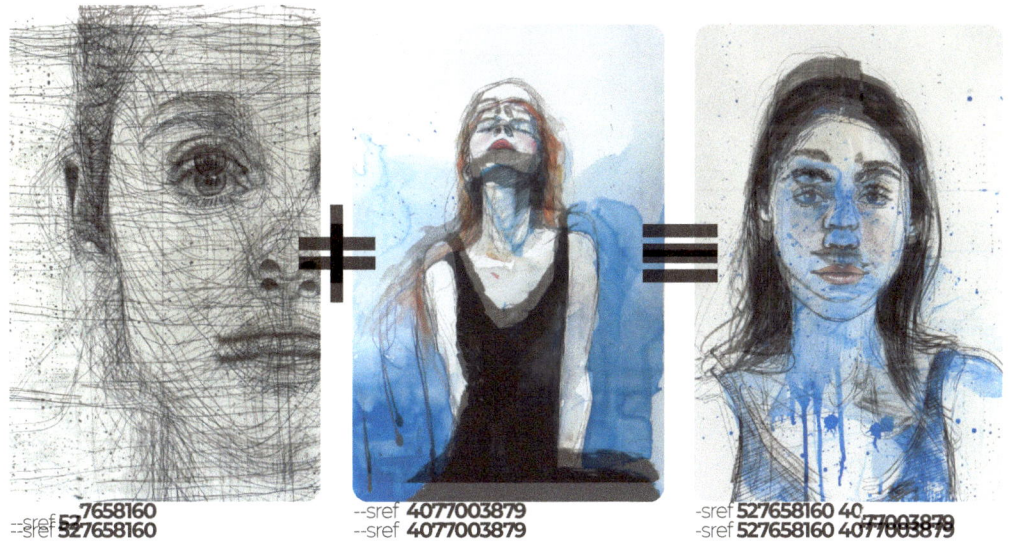

--sref 527658160   --sref 4077003879   --sref 527658160 4077003879

E se il risultato finale fosse la somma di **3** "sref"? Ora sta solo a te, alla tua voglia di sperimentare e trovare lo stile che più ti rappresenta e che più senti appartenerti.

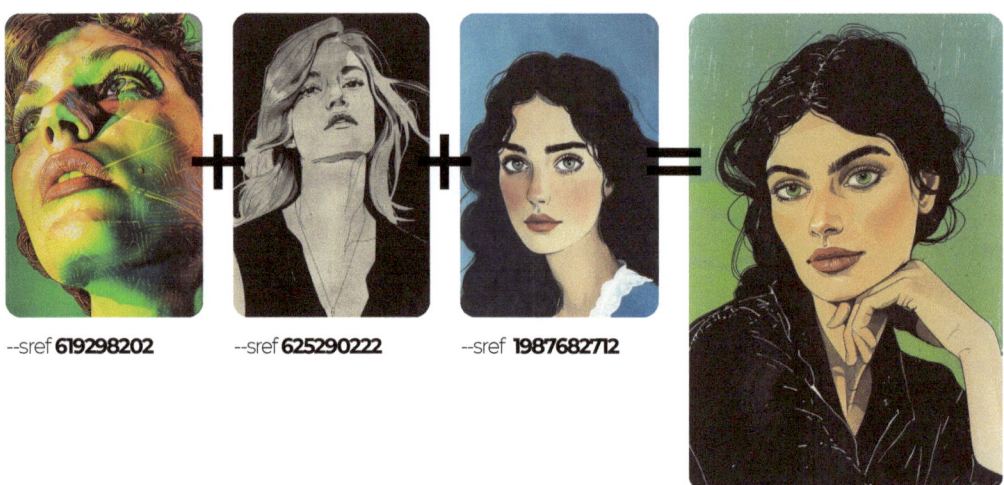

--sref **619298202**   --sref **625290222**   --sref **1987682712**

--sref **619298202 625290222 1987682712**

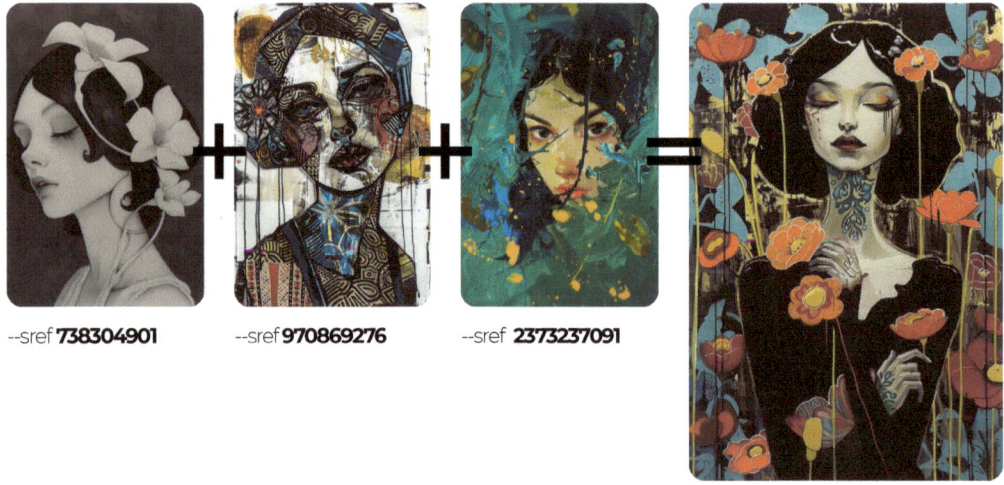

--sref **738304901**   --sref **970869276**   --sref **2373237091**

--sref **738304901 970869276 2373237091**

Puoi provare anche a sommarne **6 o più** e aggiungere il nome di vari artisti. Il tuo limite sarà solo la tua fantasia e la tua capacità di immaginazione.

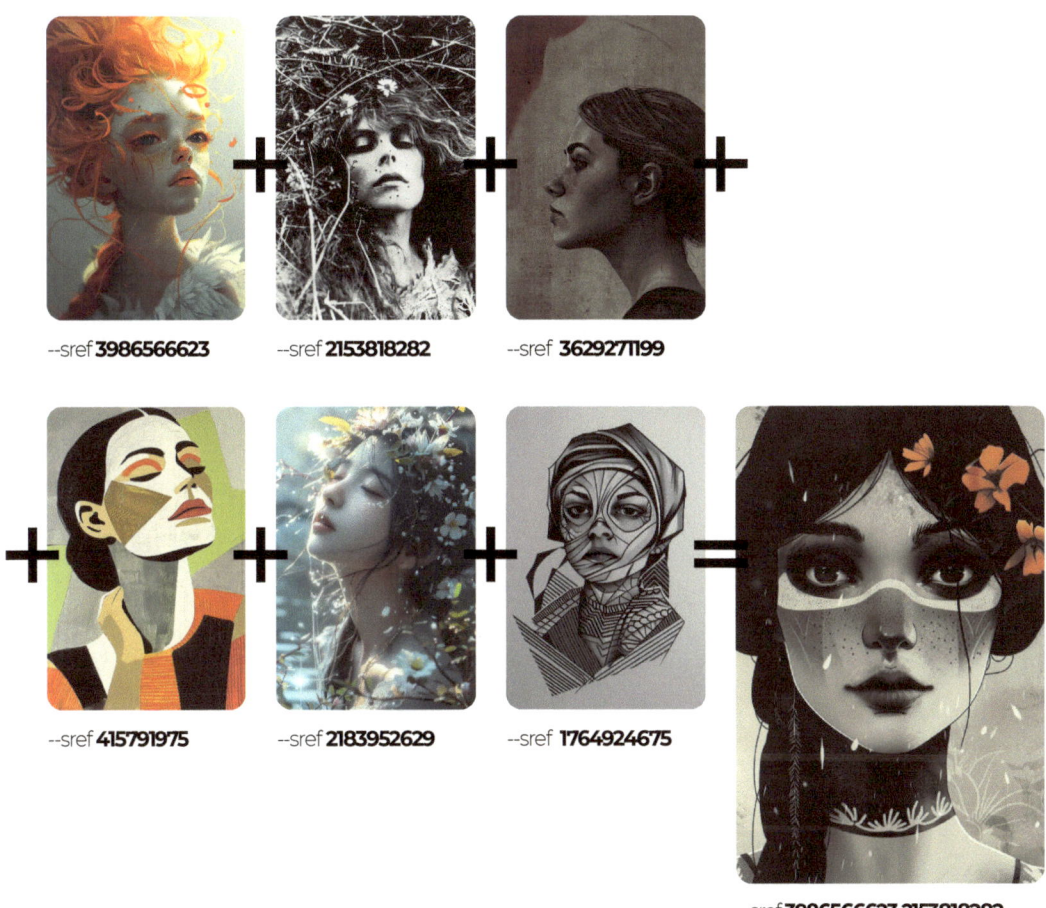

--sref **3986566623**   --sref **2153818282**   --sref **3629271199**

--sref **415791975**   --sref **2183952629**   --sref **1764924675**

--sref **3986566623 2153818282 3629271199 415791975 2183952629 1764924675**

Sono sicuro che questo breve viaggio alla scoperta di MidJourney e della possibilità di usare i codici di stile, ti abbia entusiasmato tanto quanto ha entusiasmato me.

La capacità di questa piattaforma di trasformare idee in immagini straordinarie è semplicemente affascinante, e spero che tu abbia sperimentate la stessa meraviglia e ispirazione che ho provato io nel mio percorso.

Riflettendo su ciò che abbiamo esplorato, continuo a interrogarmi se le immagini generate da un'Intelligenza Artificiale possano essere considerate arte nel senso tradizionale del termine.

Non spetta a me dare una risposta definitiva a questa domanda, e forse non esiste una risposta univoca.

Tuttavia, so che ad ognuna delle opere che creo ho dedicato tempo e passione, cercando di catturare e rappresentare la mia visione artistica.

In questo processo, MidJourney si è rivelato uno strumento incredibilmente potente, capace di amplificare la mia creatività e di portare le mie idee a un livello visivo che non avrei mai immaginato.

Ma la cosa davvero sorprendente di MidJourney è che questa piattaforma consente quella che io definisco la **democratizzazione dell'arte**.

Ora, chiunque abbia un'idea da sviluppare è in grado di realizzare immagini fantastiche, anche senza saper disegnare e padroneggiare le tecniche artistiche tradizionali.

Questo significa che l'arte diventa accessibile a tutti, aprendo le porte a nuove forme di espressione creativa e permettendo a un pubblico più ampio di esplorare e condividere la propria visione artistica.

Sono consapevole che per chi fa l'illustratore e per chi ha studiato arte per anni, questa tecnologia potrebbe sembrare devastante.

La rapidità e l'efficienza con cui MidJourney e altre piattaforme di Intelligenza Artificiale generativa possono creare immagini potrebbe suscitare preoccupazioni e resistenze.

Tuttavia, è importante ricordare che nessuno obbliga gli artisti tradizionali a utilizzare questi strumenti.

Ogni artista è libero di scegliere i mezzi che ritiene più adatti per esprimere la propria visione creativa.

Sicuramente, la strada è ormai avviata e non torneremo indietro. La tecnologia avanza inarrestabile, e con essa le opportunità che offre.

Quello che possiamo fare è abbracciare queste innovazioni come ulteriori strumenti nel nostro arsenale creativo, capaci di arricchire e ampliare le nostre possibilità espressive.

L'arte ha sempre tratto beneficio dall'innovazione, evolvendo e adattandosi ai cambiamenti tecnici e culturali.

MJ rappresenta un capitolo nuovo e affascinante in questa continua evoluzione.

La democratizzazione dell'arte che questa piattaforma rende possibile non è una minaccia, ma una celebrazione della creatività umana in tutte le sue forme.

Ora un pubblico più ampio può esplorare e condividere la propria visione artistica, arricchendo il panorama culturale con una diversità di prospettive e stili.

MidJourney non è solo un software, ma una rivoluzione nel mondo dell'arte digitale.

Offre a tutti noi la possibilità di diventare creatori, di sperimentare con stili e tecniche, e di realizzare opere che riflettono la nostra unicità.

Spero che questa guida ti abbia fornito gli strumenti e l'ispirazione per continuare a esplorare e creare con MidJourney.

L'avventura creativa è appena iniziata, e le possibilità sono infinite.
Buona creazione!

Illustrazioni di: **Mirco Tangherlini**
tangherlini.it - ai-telier.it

Le immagini presenti in questo volume sono il frutto di collaborazioni innovative con diverse piattaforme di Intelligenza Artificiale all'avanguardia, dimostrando la straordinaria sinergia tra la creatività umana e la tecnologia IA.

Per gli appassionati che desiderano una connessione più personale se hai domande scrivimi su: mirco@tangherlini.it